中古住宅市場活性化に向けた提言

― 「中古市場に流通革命を」 ―

自由民主党

住宅新報社

「中古住宅市場活性化に向けた提言」発刊にあたって

衆議院議員　金子　一義

　自由民主党住宅土地・都市政策調査会長の金子一義です。

　「住まい」は人々の生活の基盤であり、社会の礎です。国民一人ひとりが豊かさを実感し、いきいきとした生活を送るためには、それぞれのライフスタイルやライフステージに応じた住まいの選択ができるような住宅市場を整備していく必要があります。

　そのためには、良質な住宅ストックが市場において循環利用されるよう、中古住宅の流通を促進させることが不可欠です。中古住宅市場の活性化を図っていくことは、豊かな住生活の実現に寄与するとともに、我が国の経済にも大きな効果をもたらすものであり、成長戦略にも資するものとして期待されています。

　本調査会では、平成26年5月に中古住宅市場活性化小委員会を設置し、我が国の喫緊の課題である中古住宅市場の一段の活性化に向けた議論を行って参りました。有識者や関係業界団体、国土交通省などからのヒアリングも行いながら、計11回にわたって精力的に検討を重ね、今般、中古住宅市場に横たわる諸課題を抜本的に解決するための「8つの提言」のとりまとめをいたしました。

　かつて自由民主党がとりまとめた「200年住宅ビジョン」（平成19年5月）は、我が国の住宅ストックの質の飛躍的な向上に大きく貢献いたしました。今回の提言により、国や事業者、国民の行動にも大きな変革がもたらされ、本年が中古住宅市場の「流通革命元年」となることを期待しております。

中古住宅市場に流通革命を

参議院議員　鶴保　庸介

　中古住宅市場の活性化は、私が国土交通政務官・副大臣時代に最も関心を持って検討した課題の一つであり、今や私のライフワークともいえるテーマです。そのご縁もあって、このたび、自由民主党の住宅土地・都市政策調査会に設置された「中古住宅市場活性化小委員会」の委員長を拝命し、精力的に検討を進めて参りました。

　私のそもそもの問題意識は、「持ち家資産を何とか資金化できないか」ということにありました。私の地元の和歌山でも、立派な家にお住まいのお年寄りが、生活資金を年金だけに頼っておられる姿を幾度となく目の当たりにしたことに始まります。国民が苦労しながら獲得し、家族と共に居住してきた大切な我が家が必要な時に資金化できれば、生活資金だけでなく高齢者住宅への住み替えの原資とすることが可能となり、ライフステージに応じたより豊かな生活を送ることができます。また、良質な住宅が市場でもっとスムーズに取引されるようになれば、国民の住まいの選択肢が増えることになり、高齢者のみならず、所得が伸び悩む若年層も手頃な住まいを取得し、そして住み替えることができるようになると考えられます。

　今回、小委員会では、いわゆる業界の「囲い込み」問題も含め、中古住宅市場の課題に徹底的にメスを入れ、市場の大胆な改革を促すべく、8つの提言をいたしました。この提言の着実な実行により、中古市場に流通革命をもたらすとともに、質の点でも量の点でも厚みのある市場が整備されていくことを強く祈念いたしております。

contents

「中古住宅市場活性化に向けた提言」発刊にあたって ……………… 2

中古住宅市場に流通革命を …………………………………………… 3

第1章
中古住宅市場活性化に向けた提言 ………………… 9
　―「中古市場に流通革命を」―

第2章
ヒアリング資料 …………………………………………… 41

　日本大学　中川雅之 ……………………………………………… 43
　　中古住宅市場の透明性の向上に向けて

　明海大学　中城康彦 ……………………………………………… 47
　　中古住宅の価値の創造と評価

　立命館大学
　一般社団法人　移住・住みかえ支援機構　大垣尚司 ………… 63
　　中古住宅の新たな出口戦略
　　　―マイホームリースという発想―

　全米リアルター協会（NAR） …………………………………… 89
　　不動産取引倫理綱領（Code of Ethics）に基づいた協会

　近畿不動産活性化協議会 ………………………………………… 107
　　流通の阻害要因を取り除き、中古住宅市場活性化に寄
　　与する「住宅ファイル制度」のご提案

首都圏既存住宅流通推進協議会 ……………………… 119
　既存住宅流通活性化の課題と具体策

一般社団法人 リノベーション住宅推進協議会① ………… 133
　東北におけるリノベーション事業と
　買取再販事業の取組と課題

一般社団法人 リノベーション住宅推進協議会② ………… 145
　既存住宅流通の現状と
　リノベーション・買取再販業の担う役割について

一般社団法人 日本住宅リフォーム産業協会……………… 165
　中古住宅市場活性化小委員会

優良ストック住宅推進協議会（スムストック）…………… 181
　優良中古住宅流通活性化に向けて

一般社団法人 不動産流通経営協会 ………………………… 199
　安心・安全な取引を実現するための取り組みについて
　〜更なる不動産流通活性化を目指して〜

公益社団法人 日本不動産鑑定士協会連合会……………… 221
　中古住宅の評価についての取組み

一般社団法人 JBN（全国工務店協会）…………………… 229
　「中古住宅市場活性化について」
　＜JBN（全国工務店協会）の取組み＞

一般社団法人 住宅履歴情報蓄積・活用推進協議会① ……… 237
　住宅履歴情報（いえかるて）の
　現状と今後の取り組み課題について

一般社団法人 住宅履歴情報蓄積・活用推進協議会② ……… 249
　平成25年度　住宅・建物の先導的計画技術の開発及び
　技術基盤の強化に関する事業
　住宅履歴情報の標準化とICT活用による良質な住宅ス
　トックの普及・流通活性化の基盤整備調査・検討事業報
　告書＜抜粋資料＞

第3章
参考データ ……………………………………… 271

第 1 章

中古住宅市場活性化に向けた提言

― 「中古市場に流通革命を」 ―

平成 27 年 6 月 9 日
自由民主党

I　総論

（1）中古住宅市場の現状と大胆な改革の必要性

　我が国の中古住宅市場は、木造戸建て住宅が築後20年程度で一律価値がゼロとされるなど中古住宅を適正に評価しない慣行があることや、売主・買主間に物件の質に関する情報の非対称性が存在することにより透明性の低い市場となっていること等の課題が存在している。この結果、我が国の中古住宅のシェアは住宅市場全体の14.7％と、6割以上を中古住宅が占めている欧米と比べて極めて小さい状況にある。また、住宅ストック額も、これまでの住宅投資累計額に比して約500兆円以上小さい額となっており、国民資産が有効に活用されていない状況にある。

　一方で、少子長寿化社会の進展等を踏まえ、中古住宅が果たすべき今日的意義は益々高まりを見せる中、既に関係事業者による良質な中古住宅の適正な評価の取組や、事業者間連携によるワンストップのサービス提供の試み等が始まっている。しかしながら、こうした取組も未だ十分なものとはいえず、我が国の中古住宅市場の活性化に向け、市場に横たわる諸課題を抜本的に解決するため、今こそ大胆な改革に着手する必要がある。その基本的な方向としては、売主には一層の情報開示と売却を見据えた日頃のメンテナンス及びその履歴の保存を、買主には自らの目で住宅の質を確認する努力を、媒介事業者にはより迅速、安全等の顧客ニーズに応えたより透明性の高い取引の実現を、地方自治体には地域にふさわしい住宅政策のビジョンを示すことを、国にはこうした新たなステージに向けて市場の変革を促すような環境の整備等を求めるなど、それぞれの主体がその役割を適切に果たすよう変革が

求められるところである。

　かつて自由民主党においては、「200年住宅ビジョン」（平成19年5月）を策定し、これを受け、長期優良住宅等の良質な住宅の供給が推進されたことにより、我が国の住宅ストックの質が飛躍的に向上している。こうした我が国の住宅市場の変化も踏まえ、今、本格的に中古住宅市場活性化の議論をすべき段階に至ったものである。

(2) 中古住宅市場活性化に取り組む今日的意義と効果
① 　中古住宅・リフォーム市場拡大がもたらす経済発展
　　現在、多くは無為に失われがちである貴重な国民資産たる住宅資産を、その本来の実力に見合う分だけ価値を回復させ、円滑な資金化の実現と相俟って市場に流通させることは、欧米に比べて立ち遅れた我が国の中古住宅市場の拡大につながるものである。
　　また、地域の工務店の活躍により、住宅ストックの質の向上も期待されるリフォーム市場の拡大を併せ講ずることにより、国民消費や国内投資の拡大、ひいては我が国経済の再生と持続的発展に資するものである。

② 　ライフステージに応じた住替えなど豊かな住生活の実現
　　国民の住まいの選択肢を増やすことにより、資産を有する高齢者や、所得の伸び悩みにより住居支出の割合が拡大している若年層が、ライフステージに応じてニーズに即した住まいに住み替えることにより、一層豊かな住生活を実現するものである。
　　また、都市郊外の団地などストックの有効活用を進めること

は、多世代が交流しながら心身共に健康に暮らせる社会やコミュニティの形成にも貢献するものである。

③ 空家の流通・活用による地方の創生
　さらに、今後ますます増大が見込まれる空家に対し、地方自治体とも連携しつつ、その流通・活用を促し、外部不経済の発生の抑止だけではなく、都心の再生、地方部への住替え、二地域居住の円滑化等個性ある地方の創生にも貢献するものである。

(3) 新築住宅市場と相俟った住宅市場全体の活性化
　中古住宅市場の活性化を図ることは、国民に対して多様な価格帯の住宅の提供をもたらすとともに、中古住宅の価値が適切に評価されるようになることで、ニーズに応じた住替えを容易にし、これまでの賃貸から持家へという「住宅すごろく」に替わる新たな好循環とその拡大をもたらすものである。
　こうした新たな住替え需要が中古住宅のみならず新築住宅へ向かうことや、リフォーム需要を喚起することを通じてリノベーション等の新たなビジネスモデルの創出と相俟って、住宅市場全体の活性化をもたらすものと考えられる。
　また、新規に住宅を供給する段階から、将来中古住宅として流通させることを見越して、広く買主のニーズに合致した仕様の新築住宅を供給すること等により、中古住宅としての流動性を高め、市場の活性化が期待できるものである。

(4) 小委員会の検討経緯と提言のとりまとめ
　こうした状況を踏まえ、中古住宅市場活性化小委員会において

は、平成26年5月の設置以降、我が国の中古住宅市場の一段の活性化をもたらすために必要な方策について検討を行ってきた。平成27年度予算・税制改正においても、本小委員会の議論を踏まえ、以下のような措置を講じてきたところであり、これらを着実に実施していく必要がある。

- 買取再販事業に係る不動産取得税の軽減措置の創設
- 住宅金融支援機構のフラット35におけるリフォームを含めた中古住宅の取得費用に対する融資の実施
- 住宅リフォーム事業者団体登録制度の創設
- 民間金融機関による住宅取得資金にかかるリバースモーゲージ型住宅ローンの供給に対する住宅金融支援機構の住宅融資保険事業による支援
- 高齢者等の保有する住宅資産の活用促進のための相談体制の整備支援

今後、更なる取組の推進を図るためには、施策のターゲットを明確にし、重点的な支援を実施することが必要であることから、今般、中古住宅市場活性化に向けた8つの提言をとりまとめた。

また、提言の内容をできるだけ速やかに実施していくため、各提言において、今年度内を目途に実現すべき事項を「早急に取り組むべき事項」と、2～3年内を目途に実現すべき事項を「中期的に取り組むべき事項」として整理を行った。

なお、提言の実行に当たっては、市場への過度な規制とならないよう、十分留意することはもとより、消費者、事業者双方の実情を踏まえて、受入環境の整備も併せて講じることが必要である。

II 各論 ―中古住宅市場活性化に向けた8つの提言―

提言1 「囲い込み」の解消に向けたレインズルールの抜本的改善

　我が国では、不動産の取引に当たり、売主と買主を幅広くマッチングさせ、円滑な不動産流通を実現するため、宅地建物取引業者間の物件探索システムとしてレインズシステムが全国に構築されており、宅地建物取引業法において、専任媒介契約を締結した宅地建物取引業者には、レインズ（指定流通機構）へ物件の登録が義務づけられている。

　しかしながら、宅地建物取引業者の中には、売主・買主の双方から仲介手数料を得ることを目的として、正当な理由なく他の業者への物件の紹介を拒否するなどのいわゆる「囲い込み」を行う者が存在するとの指摘があるところである。

　中古住宅の流通活性化を図るためには、その前提となる不動産取引の透明性・安全性・信頼性の不断の向上を図ることが必要であるが、上述のような「囲い込み」行為は、レインズに本来期待されるマッチング機能の発揮を通じた依頼者の利益の極大化、ひいては不動産取引の透明性・安全性・信頼性を損なうものであることから、改めてレインズの利用のあり方についての抜本的な改善策が必要である。

〈早急に取り組むべき事項〉
● 他の事業者への紹介ができない状態にあるか否かをシステム上に客観的に明示させるとともに、売主が自らの物件の登録状況を確認できるようにする仕組み（ステータス管理機能）をレインズシステムに導入する。

※ステータス管理機能の概要

　売物件について、他の事業者への紹介ができない状態(「ステータス」)にある場合(例えば、「購入申込み書を受け付けている」などの場合)には、そのステータスを売主側事業者がその都度レインズ上に明示しておかなければならないとするもの。併せて、売主が自らの売物件について、登録されたステータスを確認できる閲覧専用サイトを設けることにより、上述のステータスの真偽を確認できるようにすることで、売主の了解なく事業者の判断で物件の紹介を拒否する事案を防ぐことができる。

〈中期的に実現すべき事項〉

- ステータス管理機能の導入によっても「囲い込み」等の発生に改善が見られない場合に、違反者への処分・罰則の強化を検討する。(宅地建物取引業法の改正(次期通常国会を視野に検討。関係政省令の改正を含む。以下同じ。))
- レインズの利用拡大とその機能の充実を図るため、レインズの利用ルールの強化(登録までの期間の短縮等)と登録情報の充実を検討する。(宅地建物取引業法の改正)

【指定流通機構を通じた取引の流れ】

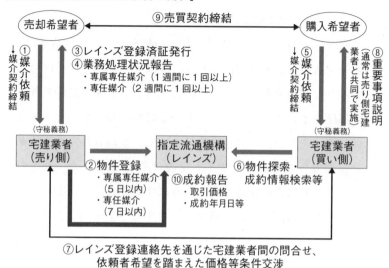

【指定流通機構への登録物件数の推移】

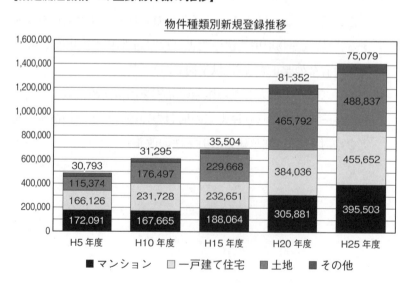

提言2　インスペクション等の活用促進による情報の非対称性解消に向けた新たな取引ルールの構築

　中古住宅市場の活性化を図っていく上では、物件の状態や管理状況などが分からないといった、中古住宅の質に対する消費者の不安を払拭すること、言いかえれば売主と買主の間の「情報の非対称性」を解消することが不可欠である。このため、専門性を有する第三者による建物検査（インスペクション）の活用や住宅性能表示制度の普及、売主からの物件の状態やリフォーム履歴等の情報開示の促進が重要である。

　しかしながら、我が国においては、買主にはインスペクションを実施する習慣が根付いておらず、売主も買いたたき等を恐れて情報開示に消極的になりやすいため、中古住宅市場は透明性の低い市場となっていることから、売主・買主の行動を同時に変えていかなければならない。

　このため、インスペクションの活用促進や住宅性能表示制度の充実・普及を図り、取引の安定に配慮しつつ、買主が自らの目で物件を確かめ、品質に納得して購入できるようにする必要がある。また、情報の非対称性を解消するには、売主からも物件の質に関する情報提供が行われるよう、情報提供が迅速で安全な取引につながるという認識に転換を促していくことが必要である。

　また、中古住宅の売買において、買主が引渡し時に気がつかなかった雨漏りやシロアリ被害等の不具合を巡り、引渡し後にトラブルとなることを防止するため、契約時に売主の瑕疵担保責任の範囲を明らかにしておくことや瑕疵保険の一層の活用を促していくことも重要である。

〈早急に取り組むべき事項〉
- 中古住宅売買時の買主の住宅の品質に対する不安が解消されるよう、インスペクションの一層の普及を図るため、「既存住宅インスペクション・ガイドライン」の利用を促進する。

  ※「既存住宅インスペクション・ガイドライン」の概要
  　国土交通省において、消費者が中古住宅の取引時点の物件の状態・品質を把握できるよう、第三者が客観的に住宅の検査・調査を行うインスペクションについて、検査・調査を行う者の技術的能力の確保や検査・調査の項目・方法等のあり方について検討を行い、平成25年6月にとりまとめたもの。

- 中古住宅の劣化対策・省エネルギー対策に関する評価方法基準の策定により中古住宅の住宅性能表示制度の充実・普及を図る。
- 瑕疵保険、インスペクション等の利用促進を図るため、保険法人、インスペクター、宅地建物取引業者など関係事業者の連携によるビジネスモデルの普及を促進する。
- 事業者団体がそれぞれ異なる売買契約書の書式等を定めている現状を改め、売主・買主・媒介事業者の責任の範囲等が取引当事者に分かりやすくなるよう、事業者団体共通となる標準売買契約書を作成する。
- 消費者がインターネットを通じて中古住宅の正しい情報が得られるよう、不動産広告上の統一ルールを整備する。

〈中期的に実現すべき事項〉
- 中古住宅取引に固有の質に対する不安等を解消するため、以下の2つの契約類型を標準的とする契約慣行に移行することを目指して、それぞれ必要な対策を検討する。

① 売主がインスペクション及び瑕疵保険を活用する契約類型
　インスペクションの実施、瑕疵保険への加入等の有無について、宅地建物取引業法上の重要事項説明の項目として追加・明確化を検討する。（宅地建物取引業法の改正）
② それ以外の契約類型
　取引の安定に配慮しつつ、以下のような事項を盛り込んだ中古住宅専用の標準売買契約書を国が定め、宅地建物取引業法に位置づけることを検討する。（宅地建物取引業法の改正）
　ⅰ　売主は、物件状況報告書に記載するなど、雨漏り、シロアリ被害、リフォーム履歴等の客観的事実を告げること。また、関係資料を提供すること。
　ⅱ　買主は、売主から提供された客観的事実等の内容について、売買契約後一定期間内にインスペクションを行い、確認を行うことができること。
　ⅲ　売主から提供された情報と異なる内容の事実が判明した場合には、買主は一定の範囲で修補・代金減額を請求することができること。
　ⅳ　ⅲの金額が一定額を上回る場合には、売主・買主双方から白紙解約を申し出ることができること。
　ⅴ　売主から提供された情報の内容が事実であると確認できた場合には、その範囲で売主の責任が免除されること。

提言3　長期優良住宅の普及、一般住宅のリフォーム履歴等の保存・活用

　中古住宅市場の活性化に当たっては、「中古住宅は新築住宅よりも劣る」というイメージの払拭が必要であり、そのためには中古住宅の質を向上させるとともに、住宅の質や維持管理の状況等が的確に伝えられる環境を整えることが重要である。

　平成19年の本調査会の提言である「200年住宅ビジョン」に基づき制定された「長期優良住宅の普及の促進に関する法律（平成20年法律第87号）」により、新築住宅に関する長期優良住宅に係る認定制度が創設され、良質かつ長寿命である住宅の供給が推進されてきたところであるが、既存の住宅をリフォームにより長期優良住宅とする場合の認定制度は整備されていない。中古住宅市場の取引活性化に資する良質なストックを拡大していくためには、中古住宅についても長期優良化に係る認定制度を早急に創設し、長期優良住宅の更なる普及・促進を図らなければならない。

　また、住宅の質や維持管理に係る情報については、住宅所有者だけでなくリフォームや中古流通をはじめとする様々な住宅関連事業者等が維持管理・改修・売買等の際に広く活用できるようにすべきである。

　このため、市場における消費者ニーズを的確に把握し、履歴として保存することが有用な内容等を精査するとともに、リフォーム時のインスペクション情報を利用するなど中古住宅でも使いやすい住宅履歴の保存・活用の仕組みを構築すべきである。

　さらに、消費者の利便性向上のため、中古住宅購入・リフォーム一体ローンの普及を図る必要がある。

〈早急に取り組むべき事項〉
- 新築と異なる中古住宅の特性を踏まえ、中古住宅の長期優良化に係る認定制度を創設する。
- 中古住宅の長期優良化を推進するため、住宅の長寿命化に資するリフォームに対する支援を行う。

〈中期的に実現すべき事項〉
- 住宅所有者が維持管理等に容易に活用できるとともに、購入者の売買に当たっての情報の非対称性の解消に資するよう、リフォーム時のインスペクション等によって得られた住宅情報を保存・活用するための仕組みを検討する。

提言4　担保評価を含む「20年で一律価値ゼロ」とみなす市場慣行の抜本的改善

　我が国の中古住宅市場においては、税法上の法定耐用年数を不動産取引における建物評価にほぼそのまま使用し、木造戸建て住宅であれば一律に築後20～25年程度で価値ゼロと評価する慣行が存在する。しかしながら、長期優良住宅などの耐久性の高い住宅や、リフォーム等が適切に実施された住宅については、より長期に使用することが可能であり、現に、築後30年以上の住宅が市場において価値を認められて売買される例や、賃貸住宅として活用される例が拡大しているところである。

　このため、個別の住宅の質、手入れの状況等を踏まえた適確な建物評価がなされるよう、建物評価を専門的に行う不動産鑑定士の評価基準を見直し、その普及を促すとともに、これを金融機関による担保評価にも的確に反映していくなど市場の建物評価慣行を抜本的に改善する必要がある。

　ただし、建物評価が改善する一方で、中古住宅に係る社会的負担が急激に増大することとなると、中古住宅市場の活性化を阻害する要因となることが懸念される。このため、市場での建物評価の適正化に連動して社会的負担増を伴うこととならないよう、適切な方策を併せて検討することが必要である。

〈早急に取り組むべき事項〉
- 不動産鑑定評価手法の一つである原価法などの建物評価ルールについて、中古住宅における部位ごとの単価を把握するなど適切に再調達原価を把握し、建物の性能やリフォーム等の状況を

耐用年数に適切に反映するなどの抜本的な見直しを行う。
- JAREA HAS (Japan Association of Real Estate Appraisers house appraisal system)を上記見直しに併せて改善し、鑑定評価の現場における活用を推進する。

　※ JAREA HAS の概要
　　（公社）日本不動産鑑定士協会連合会が開発した、不動産鑑定士が中古戸建て住宅の評価を行う場合の積算価格査定システム。

〈中期的に実現すべき事項〉
- 金融機関の担保評価においても建物が個別の住宅の性能等に応じて適切に評価されるよう、建物評価ルールの改善の金融市場への定着を図る。
- 住宅売却時に住宅ローンに係る残債務が売主に残ることにより円滑な流通の障害となっている実態に鑑み、「ノンリコースローン」が提供される仕組みの構築に向けて関係者間で検討する。

　※「ノンリコースローン」の概要
　　ノンリコースローンでは、住宅ローンの債務者がその支払いができなくなった場合に、その担保となっている住宅の売却価格以上の返済義務を負わない。

提言5　中古マンションの管理情報の開示

　中古マンション取引時において、一般に外壁や屋上、給排水・電気設備等の共有部分の管理状態がつかみづらいことから、修繕履歴、長期修繕計画の内容やこの裏付けとなる修繕積立金等の積立状況等も含めて、建物に関する各種の管理情報ができるだけ買主側に提供されることが重要である。

　また、マンション内部で定められているルールや使用制限等が入居後に初めて発覚して住民等との間でトラブルが発生する要因となるため、こうした様々な使用制限等に関する情報も予め認識された上で取引することが重要である。

　しかしながら、これらの情報は、全てが宅地建物取引業法上の重要事項説明の対象項目となっておらず、そもそも媒介事業者にその全てを調査することを要求することは限界もあり、必要とする情報を円滑かつ確実に入手することが難しい場合がある。

　このため、消費者が中古マンションを安心して購入することが可能となるよう、管理の状況等に関する情報の開示を促進する必要がある。

〈早急に取り組むべき事項〉
- ●マンション標準管理規約にある修繕履歴等の管理情報に係る規定等を見直し、購入予定者（媒介事業者を含む。）の求めに応じてマンションの管理状況を示す情報を開示することを促進する。

〈中期的に実現すべき事項〉
- 中古マンションの購入予定者に対し、より確実に情報提供がなされることを確保するため、宅地建物取引業法上の重要事項説明の項目や内容の見直しを図る。(宅地建物取引業法の改正)
- 中古マンションの管理状態を購入予定者がより判断しやすいようにするため、マンションの管理状況を示す情報の開示のルール化について検討する。

提言6　不動産総合データベースの構築

　米国には、MLS（Multiple Listing Service）という様々な物件情報や不動産関連情報を集約し、不動産業者だけでなく消費者にも広く開示する仕組みがあり、不動産情報の透明性が高い。
　日本にも、業者間の不動産流通システムとしてレインズシステムが存在するが、法令制限やハザードマップ、過去の土地利用等の売主も把握していない当該地域に関する情報等は様々な機関や媒体に分散して存在しており、情報を集めることが困難な状況にある。
　このため、消費者がより豊富な情報をもとに安心して物件を選択できるよう、レインズシステムと有機的に連携をさせながら、宅地建物取引業者を通じて幅広く必要な情報を消費者に提供することが可能な信頼できる我が国初の不動産総合データベース（日本版MLS）を構築する必要がある。

　※ MLS（Multiple Listing Service）の概要
　　地域の売り出し物件の情報を網羅的に開示するとともに、その物件の売買履歴や近隣の物件情報（売買履歴）、洪水履歴情報、学区、公共施設等の関連情報が提供される、アメリカの不動産物件情報データベース。

〈早急に取り組むべき事項〉
- 不動産取引に必要な情報を集約した不動産総合データベースの整備やレインズとの連携をモデル都市における実証を踏まえて推進する。

　※不動産総合データベースの概要
　　不動産取引に必要な①物件情報（過去の取引履歴等）、②周

辺地域情報（土砂災害警戒区域の指定状況等の自然災害のリスクに関する情報、都市計画等の法令制限に関する情報、過去の航空写真、周辺地域の過去の取引情報等）を各情報保有機関から幅広く収集し、レインズに掲載されている売買物件の情報とあわせて閲覧することを可能とするデータベース。

〈中期的に実現すべき事項〉
- 不動産総合データベースの全国的な整備に当たっては、防災や法令制限等に関する自治体の情報等の集約の難しさが課題となるため、必要に応じこれらの情報を幅広くかつ効率的に集約するための制度的手当てを検討する。

【不動産総合データベースのイメージ】

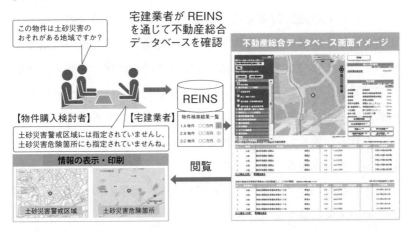

提言７　新たなビジネスモデルとその環境整備

　高齢者が保有する住宅資産の有効活用を促進する上で、リバースモーゲージは一つの有力な手段である。リバースモーゲージに係る担保評価において、建物の価値が適切に評価され、評価の対象が建物部分まで拡大されれば、担保不動産の価値下落リスクが緩和されるとともに、融資上限額の増加や融資対象となる住宅が拡大することにより、リバースモーゲージがより普及する可能性がある。

　また、大手デベロッパーやハウスメーカーにおいては、新築住宅への住替えを検討している消費者に対して既存の住宅の買取りを提案し、買い取った住宅をリノベーションして販売するといったビジネスモデルを端緒に、新たに措置された流通税の特例を背景に本格的に買取再販事業に乗り出そうとしている事業者も出てきているところである。買取再販事業は、信義誠実の原則にのっとって専門事業者が実施すれば、個人が行うリフォームに比べて汎用性が高く、かつ、合理的なコストで提供されることから、中古住宅市場活性化の起爆剤となることが期待されている。

　さらに、先の通常国会で成立した「宅地建物取引業法の一部を改正する法律」では、宅地建物取引士と関連業者との連携の規定等を創設したところであるが、既に「住宅ファイル制度」を始め、各地域の宅地建物取引業者とインスペクション業者やリフォーム業者、不動産鑑定士、金融機関等の専門業者が連携し、中古住宅取引において消費者が種々の関連サービスをワンストップで利用できるようにするための取組が進められている。

　こうした新たなビジネスモデルについて、市場への普及を促進するための環境整備が必要である。

〈早急に取り組むべき事項〉
- リバースモーゲージ等の住宅資産の活用方法について助言する専門家を育成し、相談体制を整備する。
- 資金力が乏しい中小事業者向けに、買取資金とリフォーム資金が一体となったローン商品の充実等を図る。
- 事業者間連携による中古住宅取引時のワンストップでのサービス提供の普及定着に向け、「住宅ファイル制度」等の先進事例を参考に、連携によるサービス提供の標準的モデルを構築し、その普及を図る。
- 広く宅地建物取引業に従事する者の資質の向上を図るため、事業者団体の組織力を生かした研修・講習の取組を促進する。

〈中期的に実現すべき事項〉
- 賃料債権に譲渡担保を設定して融資を行うリバースモーゲージ関連商品を普及促進する。
- 買取再販事業に係る物件の品質の担保のあり方について検討する。

【(一社) 移住・住み替え支援機構 (JTI) を活用したリバースモーゲージ】

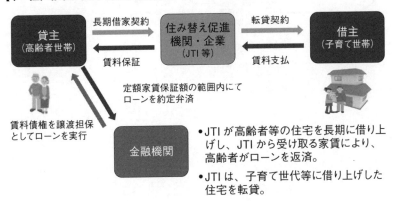

【住宅ファイル制度の概要】

　物件調査書（重要事項説明書の一部）やインスペクション結果、シロアリ点検結果、不動産鑑定士による住宅価格評価を「住宅ファイル報告書」として集約し、買主に引き渡す仕組み。

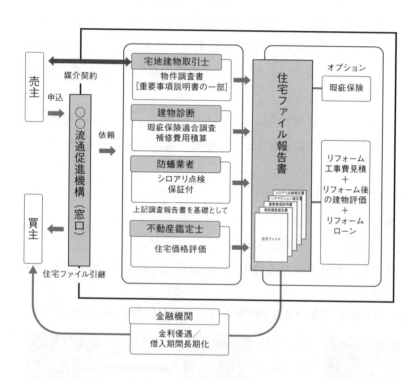

提言8　増大する空家の市場での流通・活用の促進

　人口が減少し、世帯数の減少も見込まれる中で、空家を含めて約6,060万戸に及ぶ住宅ストックをいかに利活用していくかは、これからの重要な政策課題である。
　空家については、人口減少、住宅資産の老朽化等により、全国の総数は、約820万戸にのぼり、この20年間で1.8倍に増加している。
　空家について、利用できるものは市場での流通を促進し、利活用を図りつつ、既に地域に外部不経済をもたらしているような除却すべきものは除却していくことが、都市部においても、地方部においても、ともに重要である。
　空家の利活用を促進するためには、所有者に対する専門家のサポートや、不動産事業者、地方公共団体、NPOなど多様な主体が連携した取組が重要である。
　特に、地方部においては、都市部から人を呼び込む貴重なインフラとして空家を活用していくことを通じて、移住・住替えの円滑化等を図ることも、地方創生の観点からも重要である。
　また、そもそも空家の発生を防ぐためにも、住宅ストックの利活用を促進することが重要だが、その際、中古住宅市場の果たす役割は極めて大きい。さらに、今後空家が発生するリスクを低下させるためには、これからの住宅ストックの形成に当たり、コンパクトシティなどのまちづくりとの連携を図ることも重要である。

〈早急に取り組むべき事項〉
- 個人住宅の有効活用に関する総合的な相談をワンストップで受け付ける体制の整備及び個人住宅の有効活用に資するモデル的

取組を支援する。
- 高齢者等の所有する戸建て住宅等を借り上げ、広い住宅を必要とする子育て世帯等へ転貸する制度について、転貸事業者に対する（独）住宅金融支援機構の耐震改修に係るリフォーム融資を実施するなど、制度の活用を促進する。
- 空家等の発生が見込まれる地域において、中古住宅の流通促進等を通じた空家の解消、地域の活力維持・再生を図るため、民間事業者等が行うモデル的な取組を支援する。

〈中期的に実現すべき事項〉
- 宅地建物取引業者の不動産取引に係る専門性や流通ネットワークを生かし、地方自治体等が運営する空家バンクとの連携の下、空家の利活用を促進する。
- 市町村における空家等対策の推進に関する特別措置法の施行に基づく空家等対策の取組状況を調査し、課題の整理等を進め必要な対策を検討する。

III 検討経緯

○中古住宅市場活性化小委員会

　第1回　平成26年6月19日（木）
　　・中古住宅市場活性化の効果について（国土交通省ヒアリング）
　　・有識者からのヒアリング
　　　　　日本大学経済学部　教授　　　　　　　中川　雅之氏
　　　　　明海大学不動産学部　学部長　　　　　中城　康彦氏

　第2回　平成26年7月24日（木）
　　・有識者からのヒアリング
　　　　　立命館大学　教授
　　　　　　金融・法・税務研究センター長
　　　　　（一社）移住・住みかえ支援機構　代表理事
　　　　　　　　　　　　　　　　　　　　　　　大垣　尚司氏
　　・中古住宅市場活性化の課題について（国土交通省ヒアリング）

　第3回　平成26年8月27日（水）
　　・中間とりまとめ（案）について

　第4回　平成26年10月28日（火）
　　・関連団体からのヒアリング
　　　　　全米リアルター協会（NAR）代表　日本担当
　　　　　　　　　　　　　　　　　　　　　　　ジェイスン渡部氏

　第5回　平成26年10月30日（木）
　　・関連団体からのヒアリング
　　　　　近畿不動産活性化協議会　住宅ファイル部会部会長
　　　　　　　　　　　　　　　　　　　　　　　村木　康弘氏
　　　　　首都圏既存住宅流通推進協議会　代表　西生　建氏

第6回　平成26年11月13日（木）
　　・関連団体からのヒアリング
　　　　　（一社）リノベーション住宅推進協議会　会長
　　　　　　　　　　　　　　　　　　　　　　　内山　博文氏
　　　　　　　　　　　　理事
　　　　　　　　　　　　　　　東北部会長　百田　好徳氏
　　　　　（一社）日本住宅リフォーム産業協会　副会長
　　　　　　　　　　　　　　　　　　　　　　　酒井　裕三氏

視察　平成26年11月13日（木）
　　・リノベーション物件視察（株式会社リビタ）

第7回　平成27年2月12日（木）
　　・関連団体からのヒアリング
　　　　　優良ストック住宅推進協議会事務局　代表幹事
　　　　　　　　　　　　　　　　　　　　　　　中林　昌人氏
　　・国土交通省の取組について

第8回　平成27年2月26日（木）
　　・関連団体からのヒアリング
　　　　　（一社）不動産流通経営協会
　　　　　三井不動産リアルティ株式会社　取締役専務執行役員
　　　　　　　　　　　　　　　　　　　　　　　大下　克己氏
　　　　　東急リバブル株式会社　執行役員　　　中北　均氏
　　　　　（公社）日本不動産鑑定士協会連合会
　　　　　　　　　　　　　副会長　　熊倉　隆治氏
　　　　　　　　　　　　　常務理事　北條誠一郎氏

第9回　平成27年3月11日（水）
・関連団体からのヒアリング
　　　（一社）JBN（全国工務店協会）　会長　　　青木　宏之氏
　　　　　　　　　　　　　　　　　　執行理事　　玉置　敏子氏
　　（一社）住宅履歴情報蓄積・活用推進協議会
　　　　　　　　　　　　　　　　理事　　　永塚　保夫氏
　　　　　　情報蓄積活用部会副部会長　　高橋　正典氏
・国土交通省の報告

第10回　平成27年3月19日（木）
・中古住宅市場の活性化に向けた論点整理と主な課題・提言事項（案）

第11回　平成27年4月16日（木）
・中古住宅市場の活性化に向けた論点整理と主な課題・提言事項（案）

○住宅土地・都市政策調査会　中古住宅市場活性化小委員会　合同会議
平成27年5月26日（火）
・中古住宅市場活性化小委員会提言（案）について

自由民主党 とりまとめ

「中古市場に流通革命を」

中古住宅市場の現状

- 我が国の中古住宅シェアは14.7%と、欧米に比べて極めて小さい状況
- 住宅ストック額が住宅投資累計額よりも約500兆円以上小さく、国民資産が有効に活用されていない状況

中古住宅市場の課題

- 木造戸建が築後20年程度で一律価値ゼロとされるなど中古住宅を適正に評価しない慣行
- 売主・買主間に物件の質に関する情報の非対称性が存在することによる透明性の低い市場

我が国の中古住宅市場の活性化に向け、市場に横たわる諸課題を抜本的に解決するため、大胆な改革に着手することが必要

中古住宅市場活性化に取り組む今日的意義と効果

○中古住宅市場活性化に取り組む今日的意義と効果

- 中古住宅・リフォーム市場拡大がもたらす経済発展
- ライフステージに応じた住替えなど豊かな生活の実現
- 空家の流通・活用による地方の創生

○新築市場と相俟った住宅市場全体の活性化

- 新築住宅への住替え需要やリフォーム需要の喚起
- 中古住宅として流通させることを見越した新築住宅の供給

➡ **中古住宅市場活性化に向けた8つの提言をとりまとめ**

今後、更なる取組の推進を図るためには、施策のターゲットを明確にし、重点的な支援を実施することが必要であることから、

36

中古住宅市場活性化に向けた8つの提言

自由民主党 とりまとめ

黒太字:早急に取り組むべき事項　　網太字:中期的に実現すべき事項

提言1　「囲い込み」[1]の解消に向けたレインズルールの抜本的改善

レインズシステム[2]におけるステータス管理機能[3]の導入、レインズへの登録期間の短縮　等

- [1] 囲い込み:宅地建物取引業者が、売主・買主の双方から仲介手数料を得ることを目的に、正当な理由なく他の事業者への物件の紹介を拒否する行為
- [2] レインズシステム:売主と買主を幅広くマッチングさせ、円滑な不動産流通を実現するための宅地建物取引業者間の物件探索システム（全国で稼働中）
- [3] ステータス管理機能:物件を紹介できる状態かどうか（ステータス）を客観的に表示させる機能。例えば、購入の申込みがあり、商談中のため他の事業者への紹介ができない状態にある場合には、その旨を売主側事業者がその都度レインズ上に明示しなければならない。また、売主も登録されたステータスを確認できる閲覧専用サイトを設け、ステータスの真偽を確認できるようにする

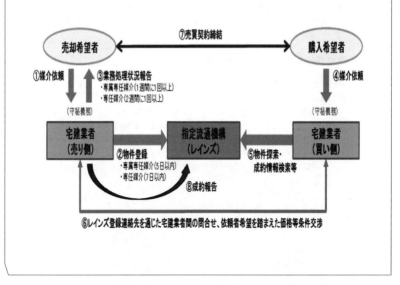

提言2　インスペクション[4]等の活用促進による情報の非対称性解消に向けた新たな取引ルールの構築

標準売買契約書の作成、インスペクション・瑕疵保険の活用促進　等

- [4] インスペクション:消費者が中古住宅の取引時点の物件の状態・品質を把握できるよう、専門性を有する第三者が客観的に行う住宅の検査・調査

提言3　長期優良住宅[※5]の普及、一般住宅のリフォーム履歴等の保存・活用

中古住宅の長期優良化の認定制度の創設、インスペクション等で得た住宅情報の保存・活用の仕組みの検討　等

※5　長期優良住宅：長期優良住宅の普及の促進に関する法律に基づき、長期にわたり良好な状態で使用するために、一定の構造・設備を有し、維持保全の期間・方法が定められている等の措置が講じられている住宅

提言4　担保評価を含む「20年で一律価値ゼロ」とみなす市場慣行の抜本的改善

建物評価ルールの抜本改善・金融市場への定着、ノンリコースローン[※6]の検討　等

※6　ノンリコースローン：担保となっている物件の時価（＝売却価格）以上の返済義務を負わないローン

提言5　中古マンションの管理情報の開示

管理情報の開示促進に向けたマンション標準管理規約[※7]等の見直し、重要事項説明の項目や内容の見直し　等

※7　マンション標準管理規約：マンションの管理組合が管理規約を制定・変更する際の参考として、国土交通省において作成・周知しているもの

提言6　不動産総合データベースの構築

不動産取引に必要な情報を集約した不動産総合データベース[※8]の整備、行政情報集約のための制度的手当て　等

※8　不動産総合データベース：円滑な不動産取引に必要となる、物件情報（過去の取引履歴等）、周辺地域情報（土砂災害警戒区域の指定状況等の自然災害のリスクに関する情報、都市計画等の法令制限に関する情報、周辺地域の取引情報等）を幅広く集積したデータベース。レインズに掲載されている売買物件の情報とあわせて宅地建物取引業者から消費者への提供が可能となる

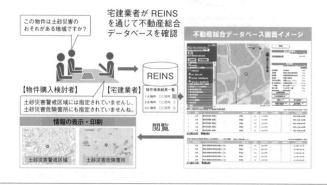

中古住宅市場活性化に向けた提言—「中古市場に流通革命を」—

提言7　新たなビジネスモデルとその環境整備

リバースモーゲージ[※9]、買取再販ビジネス[※10]、ワンストップのサービス提供等の普及　等

※9　リバースモーゲージ：持家を担保に、その担保評価額を上限に融資を受け、死亡時に持家を売却した代金で一括返済する金融商品

※10　買取再販ビジネス：宅地建物取引業者が中古住宅を一旦買い取り、リフォームを行って消費者に提供するビジネス形態（平成26年度・27年度税制改正により流通税の軽減が行われ、急速に拡大）

提言8　増大する空家の市場での流通・活用の促進

個人住宅の有効活用に関する相談体制の整備、モデル的取引の支援、宅建業者と空家バンク[※11]との連携　等

※11　空家バンク：地方自治体等が運営する、売買・賃貸に供される空家に関する情報を提供するサイト

第 2 章

ヒアリング資料

12

日本大学

中川雅之

中古住宅市場の透明性の向上に向けて

日本大学　経済学部
中川雅之

● わが国の中古住宅市場は国際的にみても非常に薄い市場として成立している。中古住宅市場が未発達であることは不動産流通量自体を押し下げている可能性がある。

中古住宅流通戸数比率と1万人当たり流通量の国際比較

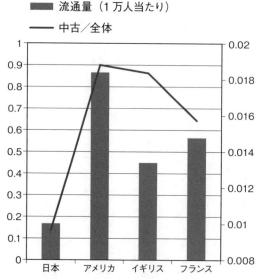

注1）中古住宅流通量及び全住宅流通量の数値は国土交通省資料
注2）各国の人口は「世界の人口推計　2011年版」（国際連合経済社会局人口部）
注3）中古住宅流通比率は左目盛（比率）、流通量は右目盛（万戸）

● 中古住宅市場の活性化を図るためには売り手と買い手の行動を同時に変える必要がある。

（売却を意識した行動を行う売り手）
① 購入時及び居住している期間中を通じて、売却を意識した行動（耐用性能の高い、維持管理しやすい住宅を購入し、的確な維持管理を実施）
② 売却時に開示できる情報の量と質を上げること（購入時の住宅性能を第三者に示すことのできる書類の保存、維持管理の実施に関する情報の保存）
③ 売却時に情報開示を積極的に進める対応（インスペクション等）

（その性能や品質に関して精査した上で、「お値ごろ」のものを、新築に必ずしもこだわらずに購入する買い手）
① 買い手の代理人として行動する不動産業者
② インスペクターなどの住宅の品質を買い手に伝える専門家
③ 鑑定評価士など中古住宅の現在の状態と価格とのつり合いを伝える専門家
④ リフォーム提案など積極的な改善提案ができる専門家
⑤ 条件に沿った物件であれば金利などの貸付条件を緩和する金融機関

などが存在していることが望ましい。

　また売り手、買い手をマッチングさせる環境として、**透明な不動産市場を構築する作業**も進められるべきだろう。例えば、建物情報や成約価格情報などのやりとりされる情報の質や量を改善するレイ

ンズなどの取り組みも同時に進められる必要がある。

　これらの取り組みは、これまでも長期優良住宅法やこれに関連したモデル事業、不動産業に関するモデル事業として取り組まれてきた。しかし、事態は売り手も買い手も同時に変わるという環境下でなければ改善しない。

● 中古住宅市場の活性化後の住宅市場の姿は、市場環境によって多様である（中古住宅市場の活性化に関するシミュレーション）
① 住宅の滅失率の低下に伴い住宅資産額は上昇するが、住宅価格、住宅投資額は下落する場合も上昇する場合もある。
② 価格弾力性（価格が変化した場合にどれだけ需要が変化するか）が高い場合は双方とも上昇するものの、低い場合はそうはならなかった。住宅に関しては、人生ただ一回きりの選択ではなく、「一旦買って、市況や出てくる物件の状況を見て、買い直す」ことができる、柔軟で透明性の高い不動産流通市場が構築されている場合には、住宅需要の価格弾力性は高くなるだろう。

住宅投資額に関するシミュレーション結果

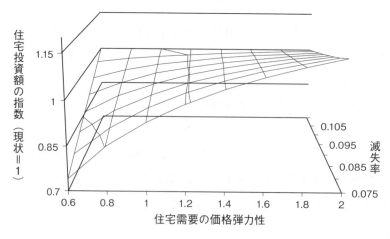

明海大学

中城康彦

中古住宅の価値の創造と評価

明海大学　不動産学部　教授
学部長
中城康彦

投資（フロー）が資産（ストック）にならない日本

日米の住宅投資額累計と住宅資産額

　これまで行われてきた住宅投資額の累積と、住宅ストックの資産額を比較すると、米国では、住宅投資額に見合う資産額が蓄積しているのに対し、日本では、投資額の累積を約500兆円下回る額のストックしか積み上がっていない。

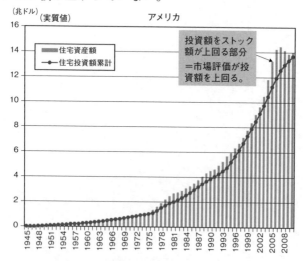

（資料）住宅資産額：「Financial Accounts of the United States」（米連邦準備理事会）
　　　　住宅投資額累計：「National Income and Product Accounts Tables」（米国商務省経済分析局）
　　　　※野村資本市場研究所の「我が国の本格的なリバース・モーゲージの普及に向けて」を参考に作成

明海大学　中城康彦

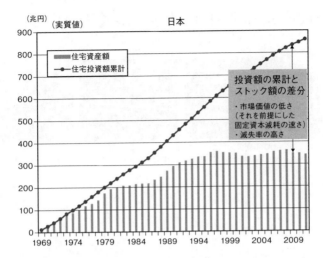

(資料) 国民経済計算 (内閣府)
※野村資本市場研究所の「我が国の本格的なリバース・モーゲージの普及に向けて」を参考に作成
※住宅資産額の2000年以前のデータは、平成17年基準をもとに推計

国土交通省　中古住宅の流通促進・活用に関する研究会　第3回　2013年6月21日　資料

投資が資産になる住宅（地）づくり

30年程度の利用予定
（一般の住宅）

60年程度の利用予定
（定期借地権住宅）

90年程度の蓄積
（英国レッチワース）

120年程度の蓄積
（英国ポートサンライト）

時間が価値を低める　　　　　　　　　　時間が価値を高める

□価値を"創る"
- "造る"行為と"高める"行為
  ▷建築と管理の一体化
- 造る（建築）は一時、高める（管理）は一生

□空間＋時間＝価値
- 時間・空間・不動産
  ▷不動産とは時間と空間である
  ▷不動産業とは時間と空間をコントロールして価値を生み出すことである

微分的土地価格と積分的土地価格

● 土地と建物を別々の不動産として扱う

―別個の所有権

　・別個の価格

―土地価格が重要

　・不動産価格－建物価格＝土地価格

　　―建物価格は建設費（コスト）から求めることができる

　　―外構、植栽は有形で価値があるにもかかわらず価格がない

　　―居住者意識、コミュニティなど無形のものは価値すらない

　・微分的不動産価格（引き算）

　　―建物価格は所与と考え思考停止

● 英米法では

―建物は土地の一部

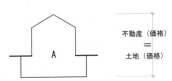

　・建物独自の所有権はない

　　―建物独自の価格を考える必要は（少）ない

―不動産（全体）のコンディションが重要

　　―建物、敷地、外構、植栽

　　―利用、管理、コミュニティ

　・積分的不動産価格（足し算）

　　Land　を　土地　と訳すのは間違いのもと

不動産価格の評価方法（中古住宅（建物））

- コストアプローチ（原価方式）
    - 積算価格＝再調達原価－減価修正
        - ✓ 中古住宅の価格を直接求めることはできない
        - ✓ 再度新築することを想定し、経年減価する
    - 供給者サイドの価格
- インカムアプローチ（収益方式）
    - 収益価格＝将来純収益の現在価値の総和
        - ✓ 中古住宅の価格を直接求めることはできない
        - ✓ 土地建物の価格から土地価格を控除
    - 需要者サイドの価格
        - ✓ 自用の建物：賃貸することを想定
- マーケットアプローチ
    - 比準価格＝取引価格×補修正率
        - ✓ 中古住宅の価格を直接求めることはできない
        - ✓ 土地建物の価格から土地価格を控除
    - 需給均衡価格

価格の３面性と３方式

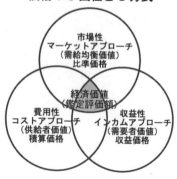

投資が資産になる住宅（地）評価の考え方

考え方	方法
《方法論1》 積分的評価方法に転じる	・不動産価格を土地価格と建物価格に区分することを前提としない。 ・不動産の効用を土地、建物に帰属するものに限定せず、効用増に貢献する要因を価値を価格として顕在化させる。 ・英米での考え方の準ずるもので、市場動向を敏感に価格評価方法に反映することが必要。 ・社会全体の価格概念を改める必要がある。
《方法論2》 微分的不動産価格の内容を変える	・建物価格を既知とする建物価格控除法だけを所与とせず、割合法、土地価格控除法により建物価格を求める方法を規律する。 ・市場を誘導する施策を明示する必要がある。 ・内訳基準を改める必要がある。
《方法論3》 積算価格を理論的に算出する	・コストアプローチの原則に立ち戻る。 ・再調達原価、ならびに、減価修正額の査定方法を精緻化する。 ・修繕履歴等を適切に反映する。 ・建物の構成部分ごとに異なる耐用年数を価格に反映する方法とする。 ・情報の蓄積と開示が必要となる。 ・積算価格評価ガイドラインを作成する等によりここまでの積算価格を改める必要がある。

方法論—1　積分的不動産価格に転じる

1. "らしさ"を喪失する住宅地：常盤台地区

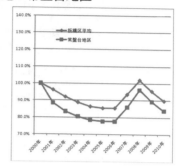

2. "らしさ"を熟成する住宅地：舞浜地区

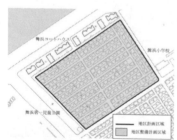

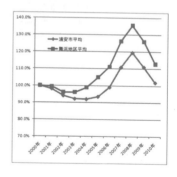

出所：中城康彦　「住宅地の不動産価値の現況」　家とまちなみ　財団法人住宅生産振興財団
2010年9月

3. 利用価値の顕在化（経済価値化）

4. 住宅地の不動産価値評価の多軸化　☞　秩序予見性
横軸：空間＋時間　縦軸：所有＋利用＋管理

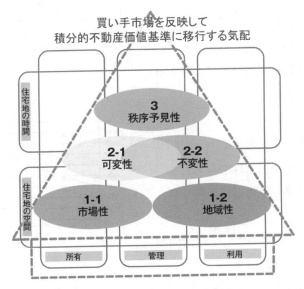

出所：中城康彦　「住宅地の不動産価値の現況」　家とまちなみ　財団法人住宅生産振興財団
2010年9月

方法論—2：微分的不動産価格の内容を変える

1．土地残余法（建物控除法）
- 現在の日本で常識的な方法⇔建物価格は所与
- 不動産価格が上昇する
- 建物価格は下落する
- 土地価格は実質以上に上昇する
  ✓ 土地価格の乱高下

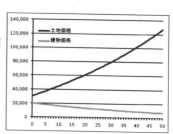

2．割合法
- 同じ割合で変動する
- 不動産価格が上昇する
- 土地価格も建物価格も同じ割合で上昇する
- 価格を分けないこととほぼ同義
  ✓ 土地・建物中立

3．建物残余法（土地控除法）
- 土地価格は所与
- 建物価格＝不動産価格－土地価格
- 英米での評価では普通に登場
  ✓ 多く存在する土地価格情報を利用する

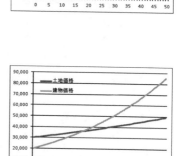

□価格が上昇するのは建物利用を通じた人為的活動が源泉

□不動産価格が高くなっているのであれば古い建物でも価格が上昇していると考えることはごく自然

- 萌芽：収益価格の重視

方法論—3：積算価格を理論的に算出する

●建物の更新・改修費用の価格反映
　—持続可能な社会の実現にむけた時代の要請
　—更新・改修工事の価格効果を理論化する

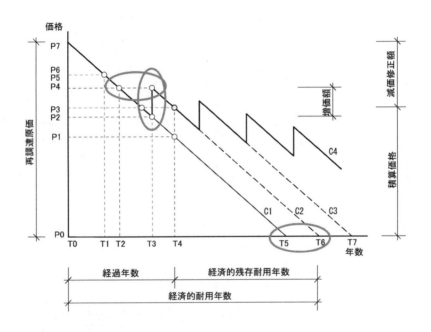

◆経済的残存耐用年数が延長する（T5—T6）
　　⇒　反映法-その1
◆価格曲線C1が上方にスライドする（P2—P4）
　　⇒　反映法-その2
◆価格曲線C1が左にスライドする（T3—T2）
　　⇒　反映法-その3

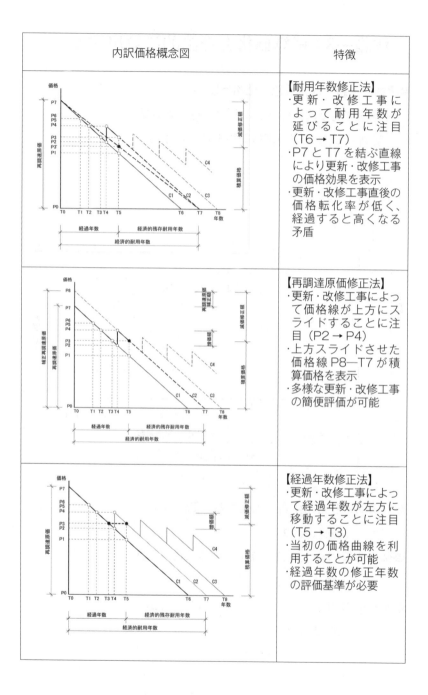

明海大学　中城康彦

モデル建物による積算価格の比較（部分別科目・期待耐用年数別）

パターン１：従来型積算価格　⇒　パターン２：修繕・更新履歴反映型積算価格
（更新・改修工事を価格反映しない）　　　　（更新・改修工事を価格反映させる）

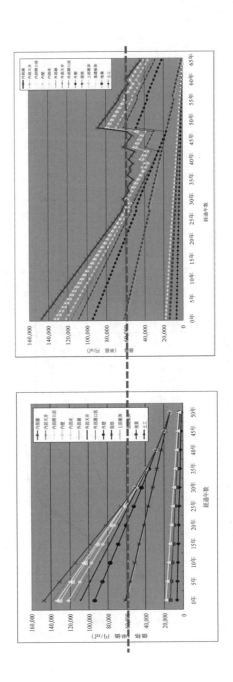

住宅がもつ資産価値の"蓄電池"機能の発揮

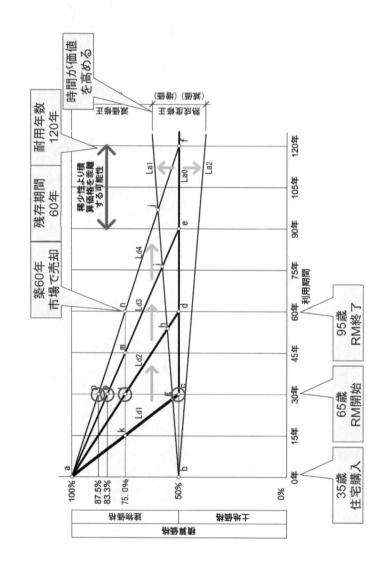

明海大学　中城康彦

価値の創造にはマネジメントが不可欠

30年程度の利用予定（一般の住宅）	60年程度の利用予定（定期借地権住宅）	90年程度の蓄積（英国レッチワース）	120年程度の蓄積（英国ポートサンライト）
○わが国大都市部でよく見かける小規模集団的開発の戸建て住宅。 ○公法が認める限度まで建築する。建物の劣化とともに価値が低下する可能性が高い。	○区画割および住環境の演出に工夫をした定期借地権付き戸建て住宅地。 ○良好な住環境を担保することで貸借当事者ならびに地域にメリットがある。 ○地主による継続的マネジメントがある。	○開発事業者が地域のマネジメントを継続する英国レッチワースの住宅地。 ○経年劣化する建物の効用を成長する住環境がカバーし市場が評価する、環境配慮・長期耐用型住宅地。	○個人所有の前庭の利用を開放的な芝生に統一し地域のマネジメント会社が管理する英国ポートサンライトの住宅地。 ○利用および管理の共同化がもたらす住環境の持続性を市場が評価。

← 時間が価値を喪失する　　　　　時間が価値を創造する →

立命館大学

一般社団法人

移住・住みかえ支援機構

大垣尚司

中古住宅の新たな出口戦略
―マイホームリースという発想―

立命館大学　教授
金融・法・税務研究センター長
一般社団法人 移住・住みかえ支援機構　代表理事
大垣尚司

本日のご説明

● 2006年に事業を開始した移住・住みかえ支援機構によるマイホーム借上げ制度の運営を通じて得られた、中古住宅市場や定期借家契約にかかる知見をもとに、<u>住宅循環を促進し、中古住宅に新たな出口戦略を提供する仕組み</u>として、7月12日に行われた法と経済学会第12回大会で発表した長期定期借家契約を活用したマイホームリースの考え方についてご説明。

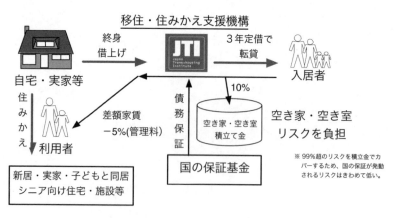

JTIとは・・・

・2006年に住宅の世代循環を支援する非営利法人として設立。
・住宅メーカー、不動産業者、金融機関、工務店団体等の協賛により独立採算で運営。
・高齢者住宅財団に設定された国の基金5億円により債務保証。

マイホーム借上げ制度（2006年10月～）

1. 2つの制度
   ・終身で借り上げて3年の定期借家で転貸
   ・期間指定で借上げ・転貸。中途退去リスク吸収
2. 50歳以上（人）　⇒　耐震0.7以上
   長寿命住宅（家）⇒　何歳からでも（証明書発行）
3. 賃貸専用を除く。別荘・相続・2軒目以上もOK。
4. 全国可能（家賃で調整）
5. 空き家・空き室保証：過去20年の全国家賃変動率に基づき、受益者負担でリスクの99%をカバー。これを超える部分を政府基金で保証。

実績

●マイホーム借上げ制度（2006年10月～）
・2014年7月17日までの取扱件数は623件（うち、622件が終身型）
・情報登録の上、カウンセリング中もしくは家賃の予備査定を

受けて検討中の者：約 2170 名。
　・借上げ物件の平均面積
　　一戸建：114㎡、マンション：73㎡
　・貸主の平均年齢：60 歳、借主の平均年齢：44 歳
●移住・住みかえ支援適合証明書（2008年～）
　・2014 年 5 月末までに 23281 件の証明書を発行

中古住宅流通当事者のホンネ？

●売主
・高く売りたい。
・売りたくないが貸すのはめんどう。
・自分の家を使うのも使わないのも勝手でしょ。
・独りになったら子供と同居するつもり（来ないとは思うが・・・）。

●大手メーカー・ビルダー
・中古に住まれると新築が減る。
・新築着工がないと GDP が下がりますよ。
・新築にはローン減税や金利減免など強い甘味剤がある。これに対し、中古はめんどうでリスクが高いのに、おいしい話がゼロだ。
・売るときは「将来資産価値がありますよ」とはいうが、保証は不可能（百年住宅といっても百年前からやっているメーカーはないし、百年後にやっているかは誰にもわからない）。

● 買主
- 新築を安く買いたい。
- 今の家族を前提に買うのであって、老後は老後の風が吹く。
- 親には頼るが同居は困る。

● 宅地建物取引業者
- 場所の善し悪しは分かるが家の善し悪しは分からない。
- 中古住宅とは「古屋付土地」だ。

● リフォーム事業者
- 難しいことができないからリフォーム屋をやっている。
- これまで通りで食えるようにしてくれるのが政府の責任というものだ。

要するに誰も「今」を変えたくない ➡ 漸進策では変わらない。閾値（いきち）を超えるための施策が必要

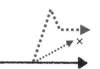

REIT の経験：われわれはすでに不動産流通の機能不全を克服してきた

- REIT（不動産投資信託）はバブル崩壊のあと「不動産流通市場」全体の機能不全への対応策として登場した。
- REIT 以前
  - 不動産は「土地」であり、不動産投資とは土地の値上がり益を得るものであった。

- 不動産は直接売買するもの。保有と利用は一体。利用の巧拙は重視されず。

不動産投資≒土地投機・節税投資

● REIT 後
- 不動産とは収益（家賃）を得るものであり、キャピタルゲインは収益性の向上による収益還元価値の増大。
- 不動産ではなく、有価証券が資本市場において取引。保有と利用が分離。利用の司るマネジャーの巧拙こそが収益の源泉。

保有と利用の分離　利用価値の重視

証券化　⇒　出口戦略（exit strategy）のひとつ

| 事業投資 | 事業の売買は困難 | 株式（有価証券）を市場で売買 |
| 不動産投資 | 不動産市場が機能不全 | REIT 持分（有価証券）を市場で売買 |

▶住宅についても、代替的な出口戦略が提供できれば、状況を改善できるのではないか？

REITは地価投機を利用価値投資に変えた

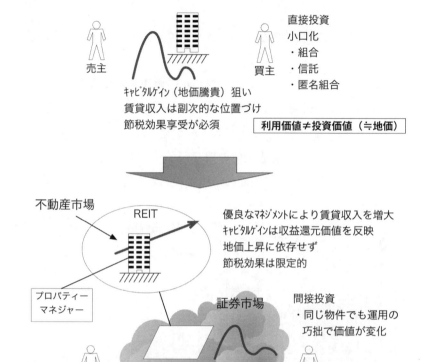

住宅においても利用価値を実現する出口戦略がないか？

住宅価格の構造

- 住宅価格は土地・スケルトン（構造躯体）・インフィル（設備内装）から構成
- 土地は永遠、スケルトンとインフィルの耐用年数は大きく異なる。
- インフィルの耐用年数は概ね1家族の子育てステージ期間と合致
- 中古住宅の流通とは、ライフステージ完了時＝インフィルの寿命において、土地＋構造躯体の残存価値を回収することとも考えられる　←　これを私人間の市場に委ねることは無理

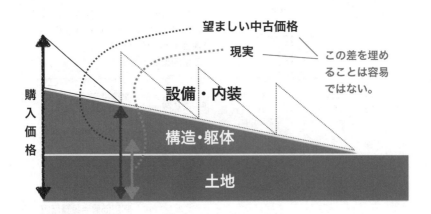

マイホーム借上げは中古住宅の利用価値を実現

- マイホーム借上げ制度等によって、住まなくなった住宅を賃貸運用することは、空き家にしていても減価する価値、すなわち、住宅の持つ利用価値を入居者に売ることと同じと位置づけられる。
- いいかえれば、賃貸とは住宅の収益還元価値の実現手法であり、中古住宅流通の一形態ということができる。

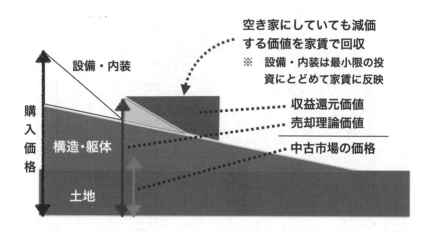

地価の低い地方圏では利用価値のほうが高い

地方圏の公示地価平均（H24）と JTI の借上げ家賃実績※の比較

※割引率年 3％で計算した月額家賃 25 年分の割引現在価値

▼土地価格＋建物（？）

＜

▼収益還元価値（家賃現在価値）

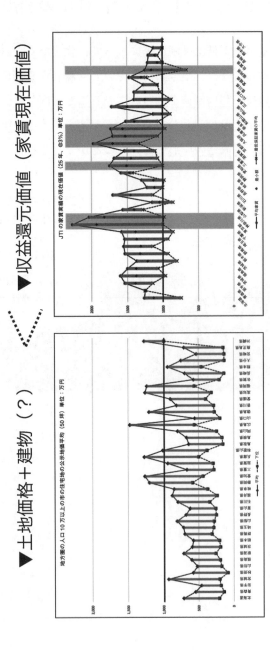

立命館大学　大垣尚司

それなら最初から構造躯体だけ借りればどうか？

- 物の経済耐用年数＞実際の利用年数　の場合には、リース化して利用期間ごとの「期間所有化」することに合理性。
- 構造躯体は10年〜25年の長期で賃借。
- 設備内装は入居者が毎回リノベーションして賃借期間で償却

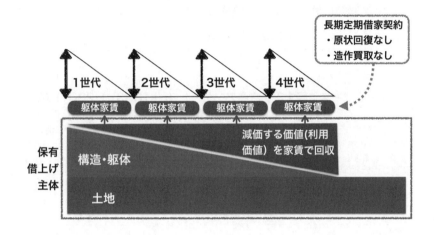

マイホームリースという発想

1．持ち家グレードの躯体を公的主体が保有・借り上げて賃貸（複数世代利用）
2．入居者は持ち家グレードの内装・設備を自ら施行して経済耐用年数で償却（ファイナンスリース）
3．中途解約は許すが造作買取権は放棄させる
4．新築対象については期限に買取オプションを提供

マイホームリースに関する受容度アンケート（n=1333）H23JTI 実施

新築住宅を買うときに、持ち方のオプションとしてそういうやり方もあると言われればそれもよいかなと思うのではないか。	政府や公的機関がそういう仕組みをちゃんと保証してくれるなら、持ち家と借家の中間形態ということで十分な魅力を感じる。	どうせ25年たって定年になれば別の場所で暮らす可能性が高いから、便利な場所に安めのコストで住めて、内装は自分の自由になるなら理想的だ。
20%	32%	19%
71%		
なんだか複雑でよくわからないので、結局新築住宅を買うか、借家住まいをすることになると思う。	多少不便でも郊外に新築を買って所有するほうがよい。	その他
12%	13%	3%
29%		

立命館大学 大垣尚司

マイホームリースの仕組み

● 中古流通型

● 新築長寿命住宅型（セールリースバック方式）

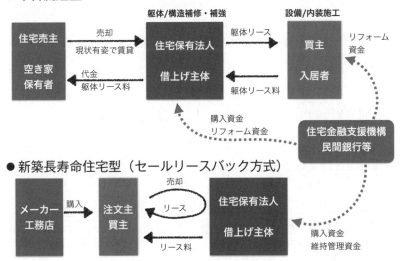

生涯コストの比較

得・損ではなく、ライフスタイルの問題

前提		地方圏	大都市圏
前提	取得価額	3,500 万円	5,000 万円
	金利	2%	
	自己資金	350 万円	500 万円
	借入れ時年齢	40 歳	
35 年住宅ローン	月返済額	104,348 円	149,068 円
	総返済額	43,826,064 円	62,608,663 円
	65 歳時残高	11,340,491 円	16,200,701 円
25 年リース	月リース料	104,348 円	149,068 円
	総リース料	31,304,332 円	44,720,474 円
	（差額）	12,521,733 円	17,888,190 円

マイホームリースの問題①

発想そのものは10年前からあった。

小規模住宅にかかる定期借家契約の入居者には事実上の中途解約権がある。

長期契約では解約権を認めることに相応に合理性。

再運用を確実に行える体制の確立が制度導入上必須。

借地借家法　第三十八条　（定期建物賃貸借）
1　期間の定めがある建物の賃貸借をする場合においては、公正証書による等書面によって契約をするときに限り、第三十条の規定にかかわらず、契約の更新がないこととする旨を定めることができる。この場合には、第二十九条第一項の規定を適用しない。
2　前項の規定による建物の賃貸借をしようとするときは、建物の賃貸人は、あらかじめ、建物の賃借人に対し、同項の規定による建物の賃貸借は契約の更新がなく、期間の満了により当該建物の賃貸借は終了することについて、その旨を記載した書面を交付して説明しなければならない。
3　建物の賃貸人が前項の規定による説明をしなかったときは、契約の更新がないこととする旨の定めは、無効とする。
4　第一項の規定による建物の賃貸借において、期間が一年以上である場合には、建物の賃貸人は、期間の満了の一年前から六月前までの間（以下この項において「通知期間」という。）に建物の賃借人に対し期間の満了により建物の賃貸借が終了する旨の通知をしなければ、その終了を建物の賃借人に対抗することができない。ただし、建物の賃貸人が通知期間の経過後建物の賃借人に対しその旨の通知をした場合においては、その通知の日から六月を経過した後は、この限りでない。
5　<u>第一項の規定による居住の用に供する建物の賃貸借（床面積（建物の一部分を賃貸借の目的とする場合にあっては、当該一部分の床面積）が二百平方メートル未満の建物に係るものに限る。）において、転勤、療養、親族の介護その他のやむを得ない事情により、建物の賃借人が建物を自己の生活の本拠として使用することが困難となったときは、建物の賃借人は、建物の賃貸借の解約の申入れをすることができる。この場合においては、建物の賃貸借は、解約の申入れの日から一月を経過することによって終了する。</u>
6　<u>前二項の規定に反する特約で建物の賃借人に不利なものは、無効とする。</u>
7　第三十二条の規定は、第一項の規定による建物の賃貸借において、借賃の改定に係る特約がある場合には、適用しない。

> 逆に言えば、中途退去時の再運用さえ確実に保証できれば、「返せなくなったら造作を放棄して出ていけばよいだけの住宅金融」が実現！

JTIによる定額最低家賃保証制度の導入

- 持ち家の転貸家賃は地域にかかわらずほぼ5万円以上で、安定している。
- 数理面だけでなく、全国で募集業務を行える体制面の整備も進んできた。

➡ 空き家・空き室時の最低保証家賃を長期間一定金額以上とすることを保証する制度を導入して、事前査定を実施

マイホーム借上げ制度成約案件にかかる家賃と建物面積（㎡）の関係

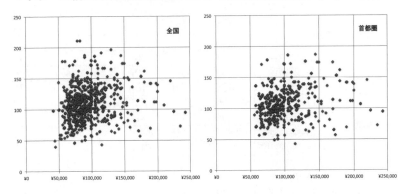

全国の家賃査定は 2015 年度でほぼ完成する

　2013 年度に 1 年間かけて、賃貸業務に従事する担当者が、7 桁の郵便番号で区分された全国約 12 万の区域のうち、37,503 地域について査定を実施。本年度も査定を継続。

　査定にあたっては、上記調査結果に基づいて、将来にわたって最低保証家賃の下限を 3 万円・5 万円・7 万円のいずれかとすることができるか、できないとして同一地域の一部であれば可能か、長期間事前に保証することは難しい地域か、という 5 つに区分。

> この結果、19,395 地域については 3 万円・5 万円・7 万円のいずれかの金額で事前保証が可能な地域とされた

地域		都道府県		対象箇所	一律事前査定可能地域数			要個別査定	事前査定不可
					3万円	5万円	7万円		
1	東北・北海道	1	北海道	4,895	405	207	92	3,939	252
		3	岩手県	163	83	22			58
		4	宮城県	406	240	106			60
		5	秋田県	323	54	26			243
6	関東圏	8	茨城県	2,855	458	110	16	477	1,794
		10	群馬県	1,133	72	16		570	475
7	首都圏	11	埼玉県	496	251	163	10		72
		12	千葉県	195	53	141	1		
		13	東京都	2,524	66	434	2,005		19
		14	神奈川県	1,185	132	786	160		107
2	中部・東海・北陸	15	山梨県	325				325	
		16	新潟県	107		107			
		20	長野県	829	36	3		592	198
		21	岐阜県	1,242	337	207			698
		22	静岡県	1,515	516	302	96	36	565
		23	愛知県	4,052	1,975	736	104	192	1,045

5	近畿	24	三重県	464	197	58		38	171
		25	滋賀県	232	129				103
		26	京都府	1,990	695	884	106	121	184
		27	大阪府	3,002	465	1,176	471	425	465
		28	兵庫県	1,151	442	205	209	31	264
		29	奈良県	1,668	48	74	152	1,108	286
		30	和歌山県	430	2			40	388
3	中四国	33	岡山県	610	250	106			254
		34	広島県	292	15	119	37	59	62
		35	山口県	574	278	32		26	238
		36	徳島県	248	49	76			123
		37	香川県	192	32	55			105
		38	愛媛県	364	62	69			233
		39	高知県	308	196				112
4	九州・沖縄	40	福岡県	1,261	359	405	25	282	190
		41	佐賀県	270	228				42
		42	長崎県	762	169	75			518
		43	熊本県	431		431			
		44	大分県	410	173	50	22	34	131
		45	宮崎県	243	34	62		105	42
		46	鹿児島県	356	117	27	1	7	204
合計				37,503	8,618	7,270	3,507	8,407	9,701
					19,395				

マイホームリースの問題②

- 住宅保有法人・借上げ法人とその資金調達
  - 最低家賃保証が可能なJTIを候補とすることが考えられる。
  - しかし、一般社団法人に対して与信を実施する民間金融機関は皆無といってよい。
- 入居者の設備・内装資金借入れ
  - 設備・内装は躯体に付合するため、担保権を設定できないことから、このための資金を住宅ローンのように有利な条件で借り入れることができない。

　　当面は、住宅金融支援機構等公的金融のバックアップに期待。
1. 借上げ主体に対する耐震等躯体・構造リフォーム資金の融資。
    - 高齢者が自分で借りてリフォームして貸すことまでは期待困難。
2. 入居者の改築資金も借上げ主体が融資を受けて立て替え、家賃に反映して回収する仕組みを導入してはどうか。
3. 新築のセールリースバックを行う場合には、いったん購入者がフラット35等を借りた上で住宅保有法人が債務引受する方式を導入してはどうか。

NEXT STEP：今年度の取組

- 平成26年度にモデル事業として、空き家や空き家化が予定される住宅をマイホームリース型で長期運用するため、空き家活用型マイホーム借上げ制度を導入。
    - 空き家には耐震改修すべきもの（旧耐震、2000年以前の新耐震）が多いが、保有者は借入れをしてまで耐震改修を行うことを嫌うために利活用が進まない。
    - 10年以上のリース型長期転貸を行う制度利用者について、JTIが転貸主として耐震改修を施工する仕組みの導入を検討する。

資料

- マイホームリースの合理性：新たな居住ニーズ
  - 人と住宅、2つの長寿化
    - 人口循環が静かに始まっている
    - 住宅の長寿命化とライフスタイルの変化から相続によらない住宅の世代循環が必要になる
  - 持ち家指向の背後にあるもの
    - 持ち家指向とは、所有権指向ではなく持ち家グレードの居住指向なのではないか
      - 子育て層の生涯年収期待は確実に低下
      - 親世代の高い持ち家比率
  - 35年住宅ローンはどうやって完済するのか（不都合な真実）？
    - 住宅ローンが35年になったのは2000年頃。
    - 35年住宅ローンを借り入れた者の多くが退職期を迎える2020年前後からは、返済困難等の問題が顕現化する可能性がある。
- 「長寿化社会における定期借家制度の新たな位置づけ―公的定額借上げ制度を活用したマイホームリースの可能性―」(2014年7月12日法と経済学会大会ディスカッションペーパー)

立命館大学　大垣尚司

マイホームリースの合理性：新たな居住ニーズ
２つの長寿化

生命表による65歳の者が各年齢まで生存する割合

	男		女	
	第9回	第21回	第9回	第21回
	(1950-52年)	(2010年)	(1950-52年)	(2010年)
70歳	78.1%	93.0%	84.0%	97.1%
75歳	53.0%	82.9%	63.5%	92.4%
80歳	29.0%	67.7%	40.4%	84.4%
85歳	11.3%	47.0%	19.4%	70.8%
90歳	2.6%	24.7%	5.9%	49.4%
95歳	0.3%	8.4%	0.9%	24.4%
100歳	0.0%	1.5%	0.0%	6.8%
平均寿命	59.57年	79.55年	62.97年	86.3年
65歳の平均余命	11.35年	18.74年	13.36年	23.8年
+65歳	76歳	83歳	78歳	88歳
その時点の生存者の割合		56%		59%
85%が死亡する年齢		91歳		96歳

平均寿命と健康寿命の差

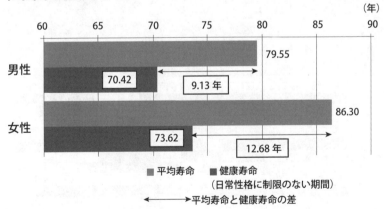

資料：平均寿命（平成22年）は、厚生労働省「平成22年完全生命表」
　　　健康寿命（平成22年）は、厚生労働科学研究費補助金「健康寿命における将来予測と生活習慣病対策の費用対効果に関する研究」
出典：厚生科学審議会地域保健健康増進栄養部会・次期国民健康づくり運動プラン策定専門委員会「健康日本21（第二次）の推進に関する参考資料」p25

人口循環が静かに始まっている

　一般には地方圏から首都圏・大都市圏に一方的な人口移動が起きているとの印象。

　しかし、年齢層別にみればアクティブシニア層は逆の動きを示している。

　この層の旺盛な消費と巨額の資産で地方を活性させられないか？

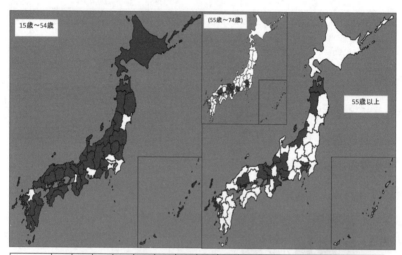

	北海道	青森	岩手	宮城	秋田	山形	福島	茨城	栃木	群馬	埼玉	千葉	東京	神奈川	新潟	富山
15歳～54歳	-8686	-5631	-2875	3052	-4408	-4061	-4920	-6343	-2086	-3203	7202	995	81034	14139	-5166	-1366
55歳以上	496	-126	280	433	-157	122	18	956	501	712	1821	1442	-9271	-1165	-8	71
(55歳～74歳)	967	24	473	433	6	190	358	361	360	477	-199	110	-7323	-2582	324	160

	石川	福井	山梨	長野	岐阜	静岡	愛知	三重	滋賀	京都	大阪	兵庫	奈良	和歌山	鳥取	島根
15歳～54歳	-673	-1978	-2554	-3939	-5262	-6210	10316	-3121	-498	-1412	7444	-5280	-3561	-2685	-1683	-1441
55歳以上	6	-54	278	1094	-39	522	-960	-69	30	-198	-1982	-279	72	0	89	12
(55歳～74歳)	33	26	307	1012	67	430	-1216	54	-95	-125	-1905	-238	-119	45	129	288

	岡山	広島	山口	徳島	香川	愛媛	高知	福岡	佐賀	長崎	熊本	大分	宮崎	鹿児島	沖縄
15歳～54歳	-1122	-2381	-3422	-1741	-1005	-3370	-1940	3391	-2265	-5763	-3629	-2718	-3337	-4871	-967
55歳以上	362	-131	210	82	119	182	109	1103	236	-27	741	384	265	833	885
(55歳～74歳)	436	-81	509	150	183	402	223	989	217	289	862	552	434	1204	799

総務省統計局「住民基本台帳人口移動報告（平成25年）」より大垣作成

住宅の長寿命化とライフスタイルの変化から相続によらない住宅の世代循環が必要になる

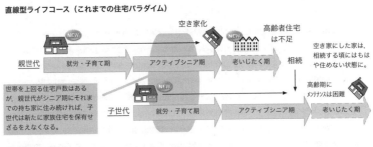

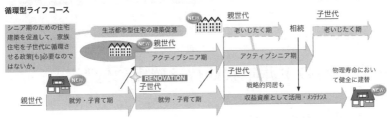

持ち家指向の背後には何があるのか？
土地所有権 vs. 持ち家グレードの家

持ち家指向は世代を超えて根強い（H23JTI調査）

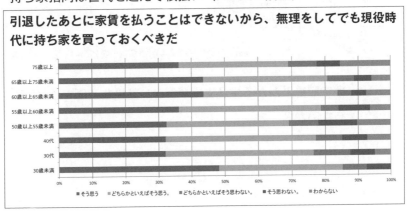

子育て世代は持ち家への指向が強い（H23JTI調査）

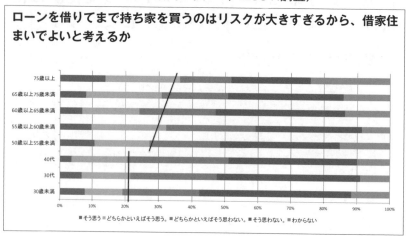

子育て層の生涯年収期待は確実に低下

入社年次別給与推移（名目）

入社年次	入社後の年齢						
	20〜24	25〜29	30〜34	35〜39	40〜44	45〜49	50〜54
1980	100%	153%	224%	279%	312%	323%	319%
1985	100%	156%	203%	239%	255%	261%	
1990	100%	139%	166%	188%	198%		
1995	100%	130%	150%	166%			
2000	100%	131%	150%				
2005	100%	137%					
2010	100%						

国税庁民間給与実態統計調査（平成22年）より大垣作成

 住宅取得にかかる生涯支出がデフレ効果を及ぼすことにならないか？

親世代の高い持ち家比率を考えると、持ち家指向とは、所有権指向ではなく持ち家グレードの居住指向なのではないか

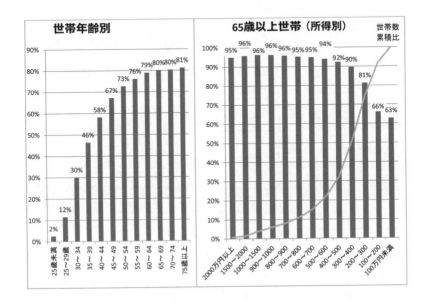

35年住宅ローンはどうやって完済するのか（不都合な真実）？

住宅ローン新規貸出件数

件数：千件　網掛けは残高比からの推計

機関等	年度 平成12年～18年（ゼロ金利政策期）の合計件数（単位：千件）	12 2000 件数	13 2001 件数	14 2002 件数	15 2003 件数	16 2004 件数	17 2005 件数	18 2006 件数
国内銀行	5,808	627	756	844	960	880	905	834
信用金庫	758	78	103	120	141	113	104	100
住宅金融支援機構（買取債権）		0	0	0	0	9	45	44
住宅金融支援機構（付保債権）		0	0	0	0	0	0	0
住宅金融支援機構（直接融資）		437	313	179	120	80	27	7
住宅機構小計	1,259	437	313	179	120	89	72	51
その他		135	144	157	163	131	121	138
総合計	10,072	1,713	1,629	1,479	1,504	1,301	1,273	1,173

借入時年齢	60歳になる年						
30歳	2030	2031	2032	2033	2034	2035	2036
35歳	2025	2026	2027	2028	2029	2030	2031
40歳	2020	2021	2022	2023	2024	2025	2026
45歳	2015	2016	2017	2018	2019	2020	2021
50歳	2010	2011	2012	2013	2014	2015	2016

全米リアルター協会(NAR)

不動産取引倫理綱領（Code of Ethics）に基づいた協会

全米リアルター協会（NAR）
(NATIONAL ASSOCIATION OF REALTORS®)

REALTOR® とは？

- REALTOR® とは、NATIONAL ASSOCIATION OF REALTORS®（全米リアルター協会）の会員になった不動産エージェントを呼ぶ登録商標
- NAR は世界最大のプロフェッショナル組織
- 1908 年設立。住宅／商業不動産にたずさわる 100 万人以上の会員を有する
- 会員は全米 54 州、1,700 の REALTORS® 地域協会／評議会のいずれかに所属する

全米リアルター協会(NAR)
(NATIONAL ASSOCIATION OF REALTORS®)

不動産取引倫理綱領
(Code of Ethics)
に基づいた協会

リアルター協会フロー・チャート

NAR (National Association of REALTORS)
約110万人の会員。アメリカ全国組織
1908年設立

⇓ ⇐ 50州の不動産協会に分かれる

WR (Washington REALTORS)
約2万2000人の会員。ワシントン州リアルター協会

⇓ ⇐ 行政郡や地域の不動産協会に分かれる

SKCR (SEATTLE *KingCounty* REALTORS)
NAR代表　日本への大使協会

REALTOR（リアルター）は、不動産業者でしかもリアルター協会会員のみが使える登録商標。
仲介業者（オーナー）と販売業者（セールス・エージェント）の会員からなる。

三位一体構造

合衆国政府
不動産市場の現状の把握、取引規制、消費者保護政策、取引促進政策を定める

全米リアルター協会
全米スケールの市場状況を刻々と提供し、経済向上を促す取引増加手段を議員に提案。
数多くの消費者保護策を提案、消費者からの信頼向上に努力。

消費者（売り手と買い手）
組織的な保護運動がなく、訴訟、告訴、苦情によって各自保護の主張

全米リアルター協会（NAR）の会員への
サービス

- WWW.REALTOR.COM の更なる充実。現在 400 万軒以上の一般住宅が閲覧可能。
- 差し押さえ物件販売やその時の経済状態に対応したクラスを作成し、会員に受講を奨励している。
- 無料のウエビナー（Website + Seminar=Webinar）も会員に提供。
- 会員のためのオンライン（On-line）サービス。
  - 有料、無料クラスを充実。
  - NAR 公認の不動産業検定資格のクラスを地方協会を通して提供。
    - ABR/ 買い手エージェント
    - CRS/ 一般住宅スペシャリスト
    - CIPS/ 国際不動産売買スペシャリスト
    - CCIM/ 商業物件スペシャリスト
    - GRI/ 一般不動産一級
- 有料、無料の不動産に関するオーディオ・ブックのダウンロード・コレクションや、ビデオなどを充実。

米国の住宅流通数と住宅価格の推移（1970年－2010年）

出典： NAR (National Association of Realtors) / US Census Bureau

米国不動産流通システムの特徴

- 業界としての**倫理綱領**の徹底
- 不動産情報の透明性 **MLS**による物件情報の開示
- **専門家**による**分業体制**
- 国際的にオープンな市場

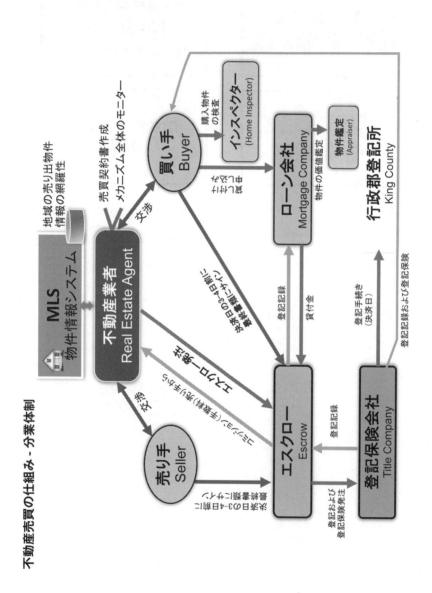

不動産情報の透明性　MLSによる物件情報の開示

MLSとは（Multiple Listing Service）の略称

共通の不動産物件データベース仕様を持ち、各地域（カウンティレベルからさらに小規模な地域単位まで）毎に全米で約900のMLS組織が存在する

- 各エージェントは不動産会社の義務で、MLSに加入。
- メンバーはオリエンテーション・クラスと継続的トレーニングを受ける。
- キーボックスを購入して、物件内覧管理（鍵の開閉）に利用。
- MLSのコンピューター物件情報にアクセス。
- MLSのデータ：売り手側の業者や会社に関わりなく、<u>市場に出ている全ての物件が表示</u>。

買い手のエージェントが物件の探索と、物件を見せることができる。

MLSの特徴と機能1：物件情報の網羅性と透明性

- 巨大な不動産物件情報データベース（地域の物件をほぼ網羅）
- 掲載物件に関する豊富な物件情報が格納されている
   —物件概要、写真などの他に、<u>売買履歴</u>、<u>タックスレコード</u>
- 売手／買手エージェントのコミュニケーション機能（Email, 電話）

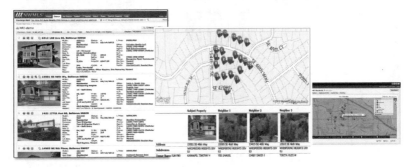

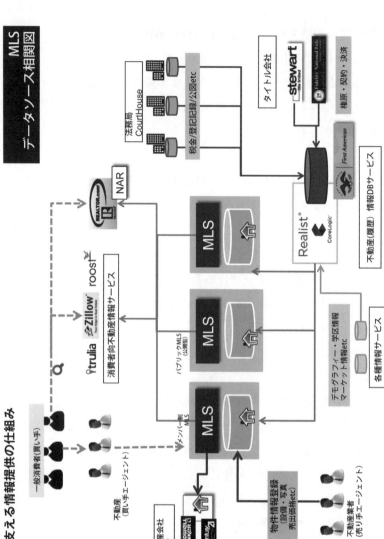

米国の消費者が既存住宅売買時に得られる情報

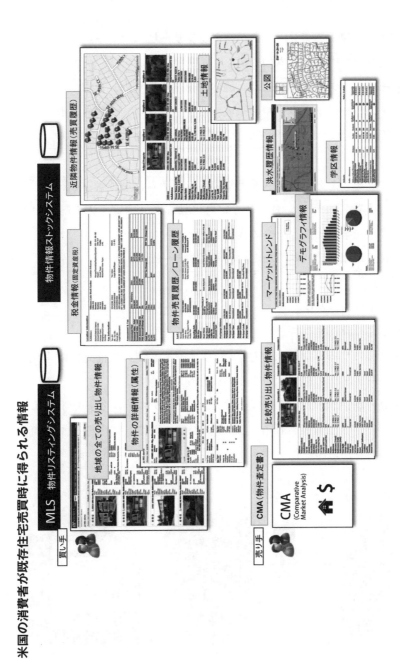

MLSの特徴と機能2：メンバーシップサービス

● 共通契約書フォームの提供
● キーボックスを利用した、鍵の開閉（物件案内）管理
● メンバーシップルールの徹底（ポリーシング）→物件ステータス管理・ポケットリスティング禁止・キーボックス利用ルール

↑

● トレーニングの提供（業務知識、システム、倫理綱領 etc）
● 電子署名、チラシおよび査定書自動作成、内覧案内 GIS ナビなど販売業務支援ツールの提供
● 統計情報、比較対照などの市場分析サービス

キーボックスとは

- 物件の鍵管理システム。
- 専用のリモコン端末もしくは ID カードを使って備え付けられたキーボックスを開けて物件の鍵を利用できる。
- 鍵の開閉状況は連動したコンピュータシステムで売り手側エージェントに通知される。（誰がいつ鍵を開閉して内覧したかの情報共有が可能）

米国不動産業界におけるMLSの役割

- MLSに地域の不動産情報がすべて集約
- 物件情報が全リアルターに対して公開される（ポケットリスティング（非公開物件）の禁止）
  → 不動産情報の透明性／流通性を実現
- メンバーシップルールによる倫理性の確立
  → 罰則規定（除名）によるしばり
  現実的にはMLSが利用できなくなる＝不動産業務を行えない
- トレーニングによる業界のクオリティ向上

不動産ビジネスでのiPad・SNS活用と電子サイン認証の普及

MLSの主要目的と効果

❖ 物件情報、契約書、取引ルールの統一化を図り、それらの共有化によって、加入者の業者と売主、買い手に取引単純化を提供し、有益な情報の提供機関となる。

1. 物件の売り期間が短縮
2. 多数の買い手市場に最高価格取引が可能。
3. 買い手は、より多くの物件を参照できる。
4. 不動産取引ルールが簡単化、取引数が増加。
5. 不動産取引に対しての消費者の不信感を激減。
6. 統一モデリング契約で、決算費減。

物件情報の
網羅性と透明性

メンバーシップルールによる
業者の倫理遵守

教育による業者の
プロフェッショナルスキル向上

消費者保護

市場の
流通性向上

NAR 不動産倫理綱領（Code of Ethics）

- 1913年に業界の自主倫理として制定され、継続して改訂されてきたNARの倫理綱領（Code of Ethics）
- この綱領の考え方に基づき、米国では不動産業者のプロフェッショナリズムおよび地位向上と、消費者保護制度を発展させてきた。

- NAR会員は定期的に受講を義務化。
- 倫理綱領に違反すればペナルティが課される。

　＜倫理綱領の内容＞
- ビジネスプロフェッショナルとしての倫理
- 不動産業者としてのプロフェッショナル倫理
- 紛争時の解決方法

NAR 国際ネットワーク

提携パートナーシップ　60ケ国、81組織

- NAR は世界各国の 81 組織と正式なパートナー関係を締結。
- 協力合意は倫理コードの遵守に基づく。
- 提携パートナーシップにより、ビジネス上の協力関係と顧客紹介の仕組みを提供。

Realtor.com® 国際版

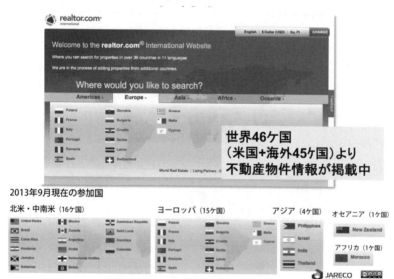

全米リアルター協会（NAR）

Realtor.com International 国別の物件検索ページ

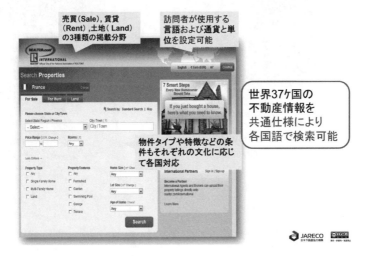

物件詳細ページ

- 物件概要
- 所在地マップ
- 物件写真ギャラリー
- 物件担当エージェントとブローカーの紹介
- 友人へEメールで知らせる機能
- 物件パンフレット印刷機能
- SNS（Facebookなど）へのシェア機能
- 物件までのナビゲーション（道案内）
- 物件説明文の翻訳ツール

Jason Watabe
National Association of REALTORS®
President's Liaison to Japan

大使協会

近畿不動産活性化協議会

流通の阻害要因を取り除き、中古住宅市場活性化に寄与する
「住宅ファイル制度」のご提案

平成 26 年 10 月 30 日
近畿不動産活性化協議会

近畿不動産活性化協議会について

● 目的

　消費者の既存住宅購入に対する不安を取り除き、既存住宅流通活性化をはかるための、各専門家の統一された調査報告スキームである「住宅ファイル制度」の実施設計

● 設立・活動の経緯

平成 25 年度まで　各団体が中古住宅流通活性化のための活動を展開
平成 26 年 6 月　近畿不動産活性化協議会設立
　　　　　　　H26 中古不動産取引における情報提供促進モデル事業に応募
　　　7 月　流通業者向け住宅ファイル制度研修会　各部会開催
　　　　　　住宅ファイルの実証実験開始
　　　8 月　実証実験、リーガルチェック　各部会開催
　　　9 月　ラウンドテーブルにおいて活動報告／各部会開催
　　　10 月　報告会開催　各部会開催
今後　実証実験を重ね、年度末に向け論点整理、報告書取りまとめを行う。

● 構成員

　従来の事業者連携3団体が一丸となって住宅ファイルの制度を推進

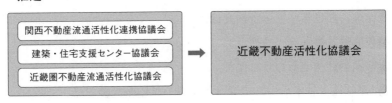

＜近畿圏不動産流通活性化協議会＞
■一般社団法人大阪府宅地建物取引業協会
■公益社団法人京都府宅地建物取引業協会
■公益社団法人滋賀県宅地建物取引業協会
■公益社団法人和歌山県宅地建物取引業協会
■株式会社大阪宅建サポートセンター
■株式会社日本住宅保証検査機構
■株式会社関西アーバン銀行
■日本長期住宅メンテナンス有限責任事業組合
■公益社団法人大阪府不動産鑑定士協会
■公益社団法人京都府不動産鑑定士協会
■公益社団法人滋賀県不動産鑑定士協会
■一般社団法人和歌山県不動産鑑定士協会
■特定非営利活動法人住宅情報ネットワーク
■一般社団法人日本住宅リフォーム産業協会近畿支部

＜関西不動産流通活性化協議会＞
■公益社団法人全日本不動産協会　大阪府本部

■公益社団法人全日本不動産協会　近畿地区協議会
■NPO法人関西消費者連合会
（提供団体）
■株式会社日本住宅保証検査機構
■住宅保証機構株式会社
■株式会社住宅あんしん保証
■NPO法人日本ホームインスペクターズ協会近畿支部
■NPO法人住宅長期保証支援センター
■NPO法人「人・家・街　安全支援機構」
■株式会社シーエムシー一級建築士事務所
■ナカザワ建販株式会社
■エスクロー・エージェント・ジャパン株式会社
■株式会社コスモシステム

＜建築・住宅支援センター協議会＞
■公益社団法人奈良県宅地建物取引業協会
■公益社団法人全日本不動産協会奈良県本部
■奈良県建築協同組合
■一般社団法人奈良県建築士会
■公益社団法人奈良県不動産鑑定士協会
■株式会社南都銀行
■奈良中央信用金庫
■大和信用金庫　■奈良信用金庫
■株式会社京都銀行高の原支店
■株式会社奈良新聞コミュニケーションズ
■瑕疵保険法人株式会社日本住宅保証検査機構（ＪＩＯ）

■一般社団法人建築・住宅支援センター
◎アドバイザー
■奈良県土マネージメント部まちづくり推進局住宅課
■橿原市　■明日香村　■香芝市

住宅ファイル制度が中古住宅市場を変える！

【住宅ファイル制度】とは

　インスペクションおよび白蟻検査の報告書を基に、中古住宅の経済的残存年数を把握し住宅の適正価格を示す、第三者たる専門家の統一された調査報告スキーム。売買目的の不動産情報を精緻に示すことで、住宅の購入に際し買主が抱く不安を払拭し、取引の円滑化を促す。国交省の中古住宅市場活性化ラウンドテーブル等で提案。今年度、近畿不動産活性化協議会で、実際の取引に試験導入中。築後20年で建物価格がゼロになってしまっていた市場での取引慣行を改め、建物の適正な評価を根付かせるための発端となる役割を担う。リフォームローンのためのリフォーム後の建物価値の把握やリバースモーゲージを見据えた金融機関向けに取引当事者が発信する情報ともなり得る。

現状と問題点

中古住宅の流通を阻害している要因
【買主側の要因】
①住宅の品質、維持管理の状態が不明
②価格の妥当性が分からない
③事後的なトラブルの心配
④住宅ローンが付かないかもしれない

【売手の要因】
⑤住宅ローンの残債より高く売れない
　金融機関の担保評価が低い
　20年程度で建物価値がゼロ
　（市場の取引慣行）

●流通割合 13.5%
●市場規模 10兆円
●住宅資産額 500兆円が毀損

住宅ファイル制度導入による効果

各種の阻害要因を払拭　　消費者向け

①インスペクション、白蟻点検等により精緻な物件情報を提供
②価格評価
　　調査価格
　　建物の経済的残存耐用年数
　　躯体の期待残存耐用年数
　　物件の市場競争力　　を明示
③瑕疵保険を付保してトラブル回避
④⑤建物価値把握の適正化　　金融機関向け

　　・土地と建物を分けて担保評価
　　　土地は変動リスク / 建物は減価リスク
　　　住宅ローン市場における金融安定化に貢献
⑥物件の選別（住宅ファイル適合マーク）

将来像

自己の住宅を売却して、住み替えや現金化が容易にできる社会
→経済成長

- ●流通割合の目標23%へ
- ●市場規模の目標20兆円へ
- ●住宅資産額500兆円の毀損を適正化

○民法改正を見据え
　住宅ファイル制度を織込んだ住宅取引慣行の醸成

○金融商品の健全な拡充
　・リフォーム一体型ローン
　・リバースモーゲージ

○建物価格データベース
　　　　↓施策に利用
○都市再構築

住宅ファイル制度の仕組み

【住宅ファイルの受付から発行までの流れ】
窓口機関が専門家を束ね、ファイルの品質を担保

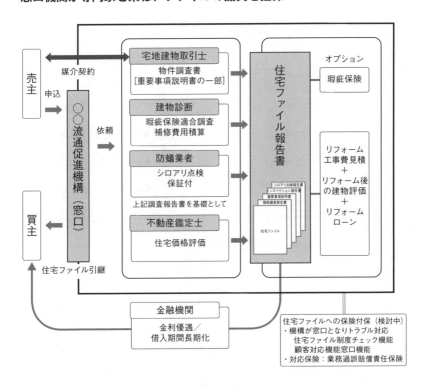

- 住宅ファイルは、中古住宅流通の活性化の一助として第三者たる各専門家の統一された調査内容と標準フォームによる調査・報告のスキームを提案するもの。
- 受発注の窓口となる機関を設立し、住宅ファイルの品質を担保し、売主側からの精緻な情報提供を行うことで、買主の不安を払拭する役割を担う。

【住宅ファイルを導入した取引の流れ】
売主から精緻な情報提供を行い、買主の安心につなげる

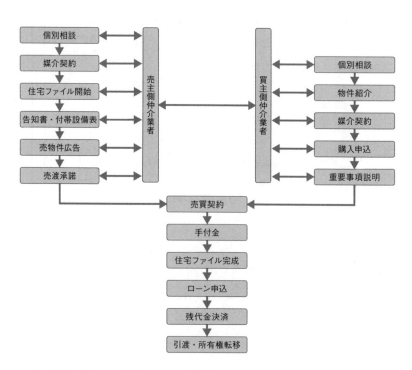

- 基本形として、売主からの依頼によりファイルの作成が始まり、買主のチェックを経て、ファイルが完成する。
- 住宅ファイルは買主に引渡され、金融機関へ情報提供されるとともに、次回取引の際の基本情報となる。

住宅ファイル制度による中古住宅市場活性化に向けた課題

近畿不動産活性化協議会での議論から

住宅ファイル制度に基づく中古住宅取引の標準フローの確立

【住宅ファイル制度に基づく中古住宅の標準取引フロー】
※民法改正を見据えて・・・

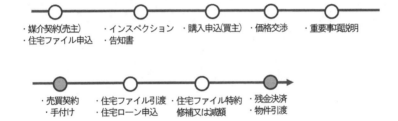

一定金額以上の物件に住宅ファイル制度の活用を義務付けること
- 「残債よりも高く売れない。」「ローンが付かないから買えない。」
への対応
- 担保評価における土地のリスクと建物のリスクは異なります。
建物のリスクは個別に物件を見て判断するしかありません。
地方の住宅は、建物価格の占める割合が高い傾向にあります。
建物評価を適正に行い、
全国の中古住宅市場に適正に資金が流れることが、
中古住宅市場活性化の原動力となります。

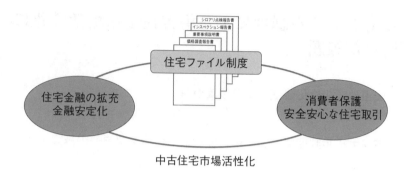

首都圏既存住宅流通推進協議会

既存住宅流通活性化の課題と具体策

首都圏既存住宅流通推進協議会　代表
一般社団法人 既存住宅インスペクター教育研究会　代表理事
一般社団法人 リノベーション住宅推進協議会　理事
日本木造住宅耐震補強事業者協同組合　理事

リニュアル仲介株式会社　代表取締役
西生　建

先行して必要な消費者のリテラシー向上

① 同じ条件なら中古は選ばない
　　新築が買えないから中古
　　与信力が低いから中古
　　将来が不安だから安い中古
　　汚いけど安いから中古
　　「中古を買ってリフォームしよう！」
　　これはプロモーション間違い

② 既存住宅流通市場の整備
　　市場の整備（建物インスペクション・
　　かし保険・住宅履歴・価格査定の標準化・
　　リフォーム一体ローン等）が充実すれば、
　　既存住宅流通は活性化するのか？

必要だが絶対条件ではない

③ 日本人だけが新築志向ではない
「新築が良いのか？」
「中古でも構わないのか？」
このような問いをすれば
誰もが新築が良いと答える

④ 不動産は「資産」という視点が必要
資産価値が下がりやすい物件が良いか？
資産価値が下がりにくい物件が良いか？
このような問いをすれば多くの人は
資産価値が下がりにくい物件を選ぶ

⑤ 資産減価すると流通しない
3,000万円で購入した物件が10年後に
1,500万円でしか売れない
　→　売りたくても売れない
3,000万円で購入した物件が10年後に
3,000万円以上で売れる
　→　売る必要が無くても売る人が出てくる

⑥ 入口と出口を意識する
● 4,000万円で購入した新築マンションが
　10年後に2,000万円でしか売れない
● 6,000万円で購入した中古マンションが

10年後に 6,000万円で売れる
　どちらが高い買い物をしたか？

⑦　資産価値とは無縁の判断基準
　　●子供の学区域の問題　●通勤/通学に便利
　　●昔から住んでいる　●友人が購入した
　　●社宅を出る　●相続した土地に家を建てた
　　●現在の住宅が終の棲家だと思っている
　資産の認識が薄いため、家の購入機会や場所が自身のライフイベントだけにリンク

中学生や高校生が勉強する機会の提供が
資産減少に大きく寄与するのでは？

個人的にも国家としても必要な資産減少抑制

① 国家的にも必要な資産減少抑制

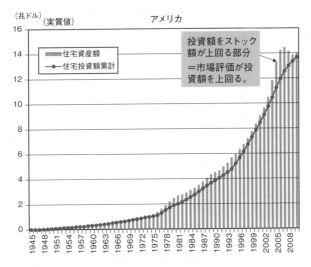

（資料）住宅資産額：「Financial Accounts of the United States」（米連邦準備理事会）
　　　住宅投資額累計：「National Income and Product Accounts Tables」（米国商務省経済分析局）
　　　※野村資本市場研究所の「我が国の本格的なリバース・モーゲージの普及に向けて」を参考に作成

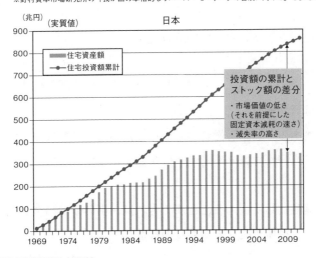

（資料）国民経済計算（内閣府）
　　　※野村資本市場研究所の「我が国の本格的なリバース・モーゲージの普及に向けて」を参考に作成
　　　※住宅資産額の2000年以前のデータは、平成17年基準をもとに推計

② 既存住宅は価格が下がりにくい

　マンションは約築15年、一戸建ては約築20年で価格が下げ止まるというデータがある。マンションは15年程度で新築プレミアムが無くなり、一戸建ての場合は土地代になると言ったことだ。不動産の資産価値の減価を嫌って既存住宅を選択する人が増えている。

③「中古を買おう」という提案は×

　資産価値が下がりにくい住宅選びの手段として「中古住宅を買ってリフォーム」する人が増加していく。

④ 資産防衛が必要なのは資産を持っている人

　多くの不動産会社は、中古住宅購入者は新築が買えない人と思っているが、新築が買える与信力があるからこそ資産価値の観点で見ると中古住宅が合理的である。

⑤ 出口とのギャップが小さい既存住宅

　　新築マンション1億円　＜　中古マンション 9,000万円
　　　　　　　　　　　　　　リフォーム　　　1,000万円

⑥ 人口は資産価値

　仕事がある→若年労働者の人口流入がある→職住近接を望む→都市部に人口が集中→不動産の資産価値が安定

　住居を資産として捉えることができれば、街のコンパクト化が加速する　→　持続可能な街づくりの推進

既存住宅だからこそ必要な資産性の確認

① 既存住宅購入時のリスク
　1　物件品質の情報不足、補償制度の未整備
　　　インスペクション・告知書の活用・かし保険等、中古住宅に応じた性能担保策の検討
　2　売主偏重の流通マーケット
　　　違法建築でも、旧耐震でも、売り物件を預かったら、売却しなければならない。
　3　両手仲介問題
　　　顧客より自社の利益を優先する企業体質
　4　不動産会社と関連業者の連携が不十分
　　　不動産とリフォーム市場の連携強化

② 建物インスペクションは建築士が担う
　　●建物に関するインスペクションは、平成25年6月にガイドライン発表。
　　●宅建事業者からの事前情報をもとに、「かし保険付帯の可否」「耐震診断」「フラット35適合の可否」「各種証明書発行業務」等を担う。
　　住宅の性能確認は「かし保険＋耐震」

③ 資産インスペクションは不動産事業者
　　建物のインスペクション以外、とりわけ資産性に影響が大きい項目の調査と開示は不動産事業者が担うべき役割
　　●告知書　●取引履歴の開示　●分譲価格の開示

- 収益還元法による査定　●ハザードマップ調査
- 都市計画調査　●後を引き継ぐ建築士の前捌き
- 事故／心理的瑕疵などの調査

④　立場によって違うインスペクションの意味
　　買主→購入判断材料として必要な情報
　　　　　　（ニーズが顕在化している）
　　売主→価格査定的要素
　　仲介→取引のリスクヘッジ

⑤　事業者への周知
　　●教育研修
　　●ツールの提供
　　●既存の仕組みの活用

⑥　消費者への周知
　　●リフォーム事業者の認定
　　●かし保険案内宣言店
　　●不動産広告へのかし保険情報表示

消費者への周知を先行させれば業界は変化していくものと思う

首都圏既存住宅流通推進協議会（事業概要）

既存住宅流通市場において「かし保険」は普及する

① 当社はすべての顧客がかし保険を付帯

　　かし保険のコストは、検査＋保険料で約15万円。住宅購入時に保険を案内すると、保険の付帯を拒絶する顧客は当社の顧客にはいない。（共同住宅の利用はほとんどない）

② 中古流通時にかし保険の付帯が進まない
　理由1
　不動産事業者にかし保険の商品知識が無い
　理由2
　是正プランと見積りの提示ができない
　理由3
　取引のスケジュール管理が煩雑になる
　理由4
　手間は増えるのに収入は増えない
　理由5
　消費者は不要だと勘違いしている
　理由6
　検査・保険料が高いと思っている

③ かし保険普及のメリット
　　1　一定の建物の検査が実施される
　　2　トラブルを保険でカバーできる
　　3　不動産事業者と関連事業者の連携の軸となる

④　かし保険普及の流れ
　　○ 既存流通市場においてかし保険の案内が増加する。
　　　　　　　　↓
　　○ 購入意思決定後の案内だと、契約が破談になる恐れがある。
　　　　　　　　↓
　　○ 購入意思決定前にかし保険付帯の可否を判断するようになる。
　　　　　　　　↓
　　○ 広告表示にかし保険付帯に関する表記が始まる。
　　　　　　　　↓
　　○ 売主が表示している方が不動産事業者は取り扱いやすい。
　　　　　　　　↓
　　○ 売主が表示している方が消費者も判断しやすい。
　　　　　　　　↓
　　○ 売却依頼時に不動産会社や売主による建物性能確認が始まる。
　　　　　　　　↓
　　○ 売主やマンション管理会社や組合が自ら調査するようになる。
　　　　　　　　↓
　　○ 中古住宅流通時の住宅性能確認が標準の流れになる。

消費者への周知を先行させれば、かし保険の付帯は進んでいく

リニュアル仲介について

＜サービス開始＞平成 22 年 9 月～
＜加盟事業者数＞ネットワーク会員（不動産）約 500 社
　　　　　　　　パートナー会員（建築会社）約 80 社

買主の為だけに動く「リニュアル仲介」

① 住宅の資産性をしっかりご理解いただく

　買いたい住宅を仲介するだけではなく、不動産の資産性の重要性をご理解いただき、資産価値が減りにくい立地を選んでいただく。

　＜メニュー＞
- 都市計画やハザードマップ情報の伝達（ネガティブ情報の伝達は特に重要）
- 新築価格や取引履歴の伝達
- 収益還元法による価格査定
- 多くの情報取得により、売主仲介会社よりも優位に交渉に臨む

② 住宅の性能をしっかりご理解いただく

　資産価値の高いエリアをピックアップしても、資産性の低い住宅を買ったのでは意味が無い。住宅の性能をしっかり伝達する。

　＜メニュー＞
- 購入前の無料建物インスペクション（ネガティブ情報の伝達は特に重要）
- 耐震診断／かし保険付帯の可否／フラット適合等の住宅性能をしっかり確認

③ 購入しやすい環境を提供

消費者自ら注意しながら取引を進めるのではなく、消費者が無知でも安心して取引が進んでいく環境を提供する。

＜メニュー＞
- 住宅購入費とリフォーム費を住宅ローンで一本化
- 月に1回のDMによる最新情報提供
- 優秀な建築会社と連携
- フラット35無料事前審査

④ 購入後の安心を提供

新築と同様に住宅性能も担保され、購入後のアフターサービスも同様にあることで、より中古住宅を選択しやすくなる。

＜メニュー＞
- 24時間365日緊急電話受付・駆けつけ
- かし保険付帯のご提案
- 設備保証サービスの提供
- 住宅履歴蓄積のご提案

⑤ 連携リフォーム事業者の基準
○ 建設業の許可の取得
○ 建築士事務所登録
○ 工事賠償責任保険の加入
○ 耐震基準適合証明書の発行実績
○ フラット適合証明技術者の在籍
○ 既存住宅現況検査技術者の在籍

一般社団法人
リノベーション住宅推進協議会①

東北におけるリノベーション事業と買取再販事業の取組と課題

2014 年 11 月 13 日

一般社団法人 リノベーション住宅推進協議会

理事・東北部会長

株式会社エコラ　代表取締役

百田好徳

1．市場動向

- 仙台市とその他東北都市で事情が異なる
- 東日本大震災により不動産市場が激変
- 新築着工の減少
- 仮設住宅の動向
- 空家情報は旧耐震物件多数

震災後の人口動向（宮城県）

		総人口		人口増減
		2011年2月末日	2014年2月末日	
仙台市		1,016,049	1,040,247	24,198
沿岸部エリア	気仙沼市	74,247	67,995	-6,252
	南三陸町	17,666	14,503	-3,163
	女川町	10,016	7,330	-2,686
	石巻市	162,822	150,052	-12,770
	東松島市	43,142	40,104	-3,038
	松島町	15,377	15,008	-369
	塩釜市	57,337	55,890	-1,447
	利府町	34,843	35,993	1,150
	七ヶ浜町	20,855	19,745	-1,110
	多賀城市	62,780	61,909	-871
	名取市	73,229	73,785	556
	岩沼市	44,128	43,616	-512
	亘理町	35,585	33,882	-1,703
	山元町	16,695	13,331	-3,364
宮城県ALL		2,331,251	2,314,292	-16,959

住民基本台帳人口及び世帯数より（外国人含まず）

※シーカーズプランニング社調べ

新築戸建 vs 中古戸建　成約価格・戸数（仙台市）

◆新築戸建（少棟）成約価格・戸数〔年別推移〕

◆中古戸建 成約価格・戸数〔年別推移〕

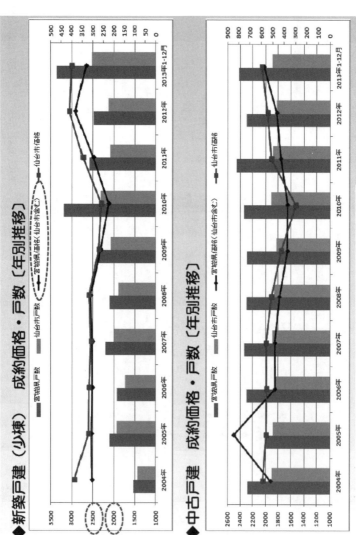

※シーカーズプランニング社調べ

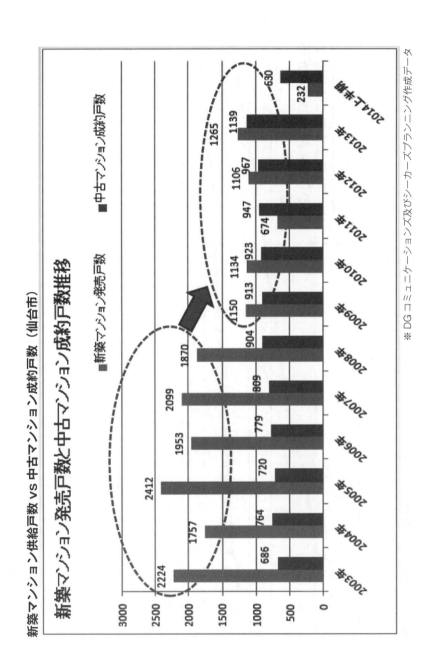

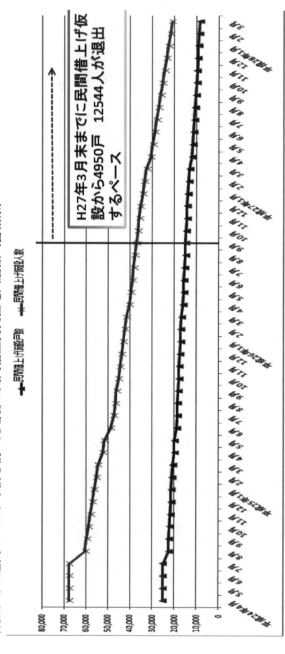

2. 買取再販事業の現状

- 新築着工減少と中古住宅の高騰による不動産事業者の買取再販事業参入
- マンション買取再販事業への集中

工事前

工事後

3．リノベーション事業の現状

- 中古住宅を買ってリノベーション
- 中古住宅を買ってリノベーションのビジネスモデル（仙台Rゲート）
- 賃貸リノベーション

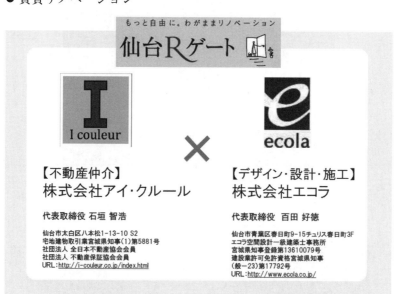

中古住宅を買ってリノベーション事例

工事前

工事後

賃貸リノベーション事例

工事前

工事後

4．中古住宅流通促進の問題点

- リノベーションに対する補助金の不足
- 耐震補助金の地域格差とバラつき
- 教育上の問題
- 買取再販事業の品質基準と体制不足

5．中古住宅流通促進の解決策

- リノベーションに対する補助金の不足
　　→建物改修の推進と品質基準化による補助金の拡充
- 耐震補助金の地域格差とバラつき
　　→耐震補助金の統一化
- 教育上の問題
　　→若年層への住育
- 買取再販事業の体制不足と品質基準
　　→取得税の二重課税緩和・既存住宅瑕疵保険の義務化

一般社団法人
リノベーション住宅推進協議会②

既存住宅流通の現状と
リノベーション・買取再販業の担う役割について

　　　　　　　　　　　一般社団法人 リノベーション住宅推進協議会
　　　　　　　　　　　　　　　　　　　　　　　会長　内山博文

中古マンション　流通の現状

首都圏の築年数別マンションストック数の試算

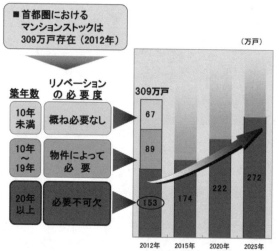

- 首都圏マンションストックの約半数が築20年以上の物件。
  （2012年：153万戸）
- 築20年以上のマンションは、2025年には、現在の1.7倍の規模に。
  （2025年：272万戸）

▲一方

マンション建て替えは現状では僅か。

全国のこれまでの累計183棟、約14,000戸に留まる。

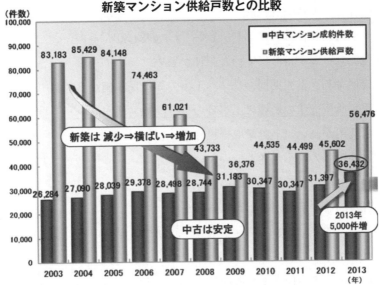

首都圏における中古マンション成約件数と新築マンション供給戸数との比較

※新築マンション供給戸数:(株)不動産経済研究所による発売戸数データに基づき作成
※中古マンション成約戸数:(公財)東日本不動産流通機構のデータに基づき作成

- 2013年の首都圏中古マンション成約数は36,432件
  前年比5,000件増　過去10年(2003年‐2012年)の増加数に匹敵。
- 新築マンションの供給数は景気動向に左右されやすい傾向。
- 中古マンション市場は安定したマーケットを形成。

マンションストックは増え続け、中古流通市場は拡大していく。
⇒リノベーション市場は今後拡大していくことは確実。

中古マンション　流通の阻害要因

事業者や制度上の課題

- 築25年超える物件は税制上不利に
  住宅ローン控除、不動産取得税等各種税制
  既存住宅売買瑕疵保険……
  ※旧耐震物件は特に不利。（ストックの約30％）
- 住宅ローンが借りにくい。条件が悪い
  優遇金利、借入期間、リノベ工事分の担保評価が不明確……
  <u>※割賦販売法の影響に工事分のローン難易度が高い。</u>
- 諸費用が高い（不動産取得税等）
- 物件情報の開示が進んでいない
  仲介会社による情報の囲い込み
- 客観的な評価軸が築年数以外にない
- 不動産仲介・管理・建築・金融等が結びついておらず、情報がバラバラ
- 地方エリアの仲介手数料問題
  価格が低いエリアは3％の手数料で人件費倒れに。　　　など

一般エンドユーザーの意識・希望

- 見た目の古い、綺麗でないのが嫌
  内装が古い、デザインが悪い、キッチンや設備の機能が古い
- 中古マンションは保証やアフターがない？
- どんな物件を選んで良いかわからない
- 見た目が古く、リフォーム・リノベーションのイメージがつかない。

- 配管や構造など見えない部分への不安
- ★都心や職場近くに住みたいけど新築は買えない
- ★住宅ローンはできるだけ少なめにしたい

一度は中古マンションを検討するも、購入を諦めたり、新築マンション購入へ

中古マンション　流通活性化のための買取再販の役割

- 流通しづらい物件を流通しやすくリノベーション
  また、ローン不払いなどの任意売却の受け皿にも
- 新築に引けをとらない内装デザインや仕様
  リノベーションならではの設計変更対応や、オリジナリティある内装デザイン物件も
- 売主としての瑕疵担保責任・アフターサービスの付保
  消費者が中古物件でも安心して購入できる
- リノベーション済みだから、見て確認して購入できる
  確認できる安心感、イメージがつきやすい
- 再販物件として、住宅ローンによる借入可能
  建物分も含めた物件価格全体での借入れ＋耐震適合で住宅ローン控除等税制利用可
- 見えない部分も検査し、保証する「適合リノベーション住宅　R1の付保」
  ※リノベーション住宅推進協議会が定める「優良なリノベーション」の統一規格に則り、各対象種別の品質基準に適合する既存住宅

買取再販物件を通して、エンドユーザーが、モデルルームとしてリノベーションのイメージをもつことで、中古物件購入（仲介）＋リノベーションのワンストップサービスへの関心も拡大。……中古流通活性化へ

中古マンション買取再販事例

<u>自由が丘第2コーポ</u>
1965年築（築50年）

<u>広尾ガーデンヒルズ O棟</u>
1984年築（築31年）

中古戸建て　流通の現状

【住宅ストック構成比～マンション×戸建（東京都）】

住宅の建て方別住宅ストック構成比の推移

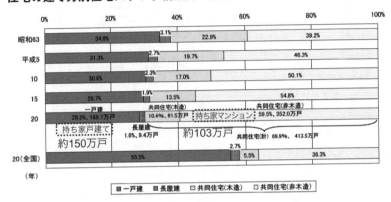

参考：H20年住宅・土地統計調査／総務省

東京都の持ち家ストック数は戸建てがマンションを上回っている。
※持ち家マンションが約103万戸に対して、持ち家戸建て住宅は約150万戸

【既存住宅流通数推移～マンション×戸建（東京都）】

既存住宅の取引における築後年帯別成約件数の推移（東京都）

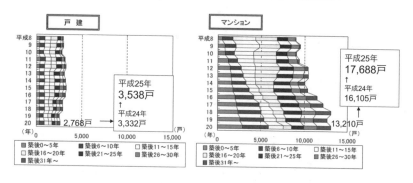

参考：（公財）東日本不動産流通機構

マンションにおいては年々取引件数が増加しているが、
戸建の中古取引はマンションの1/5程度で推移。

中古戸建て　流通の阻害要因

　持家マンションに比べ―持家戸建てが多いが、流通量は 1/5 と少ないのは何故？

事業者や制度上の課題
- 正当に評価されない中古戸建て
  築後20年で建物評価が0となる
- 建築検査済証の取得されていない物件が多数
- 借りにくい住宅ローン
  担保評価が低く建物分も含めたローンの借入れが難しい

- 分かりづらい煩雑な制度
  築年数等に即した的確な対策が必要
- 事業者の思惑・意識
  新築を供給したい事業者側の思惑
  制度を正しく理解し積極的に取り組む土壌の不足　など

一般エンドユーザーの意識・知識
- 構造上の不安
  地震があった時に古い木造だと不安
- 耐震工事・リフォーム工事に費用がどの程度かかるかわからない
- どんな物件を選んで良いかわからない
- 見た目が古く、リフォーム・リノベーションのイメージがつかない

戸建てはマンションに比べ中古物件に対する不安を感じやすい

滅失住宅の平均築後年数27年

中古戸建て　流通活性化のための買取再販の役割

- 新築に引けをとらない安全性の確保
  構造の安全性、耐震化、断熱性等の機能面の向上
  ※買取再販業者が自ら建物リスクを負って再生
- 売主としての瑕疵担保責任・アフターサービスの付保
  消費者が中古物件でも安心して購入できる
- リノベーション済みだから、見て確認して購入できる
  確認できる安心感、イメージがつきやすい

- 再販物件として、住宅ローンによる借入可能
  建物分も含めた物件価格全体での借入れ＋耐震適合で住宅ローン控除等税制利用可
- 検査済み無し物件でも新たに検査済証取得可能　など

⬇

買取再販物件を通して、エンドユーザーが、モデルルームとして中古物件リノベーションのイメージをもつことで、中古物件購入（流通仲介）＋リノベーションのワンストップサービスへの関心も拡大。……中古流通活性化へ

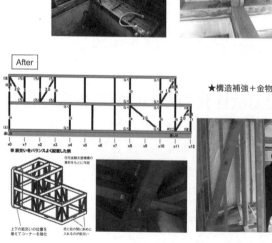

★構造補強＋金物補強等による耐震化実施

中古戸建てリノベーション（買取再販）事例

○物件概要
・所在：世田谷区野毛二丁目
・交通：東急大井町線「上野毛」駅
・用途：第一種中高層住居専用地域、
　　　　60%（40%）/ 200%
・面積：土地134㎡（41坪）、
　　　　建物107㎡（32坪）
・構造：木・ＲＣ造瓦葺地下1階付2階建
・築年：昭和61年（築26年）

成約価格：7890万円
　　　　（周辺新築相場と同等）

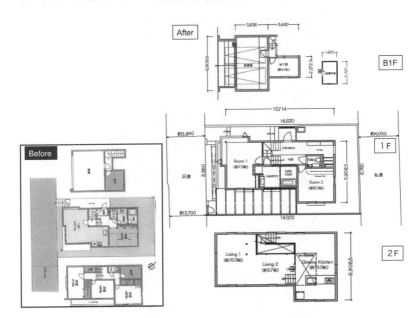

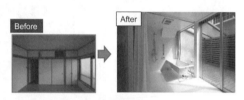

156

一般社団法人リノベーション住宅推進協議会の役割と活動について

2009年に設立。

消費者が安心して既存住宅を選べる市場をつくり、既存住宅の流通を活性化。

リノベーション住宅の**品質基準の設定**や、普及・啓蒙活動、事業環境整備等を行う。

業界業種の枠を超えて既存住宅流通に関わる様々な企業が参加。

会員数（561）　　　　　北海道部会（正会員：17社）
　　（2015年6月末日現在）　東北部会（正会員：24社）
正会員　　　　400社　　首都圏部会（正会員：179社）
賛助会員　　　145社　　東海部会（正会員：54社）
特別会員　　4名9法人　　関西部会（正会員：44社）
　　　　　　　3自治体　　中国・四国部会（正会員：33社）
　　　　　　　　　　　　九州部会（正会員：49社）

既存住宅評価のための基準づくり協議会が考える「優良リノベーション」

「リフォーム」と「リノベーション」と「優良リノベーション」

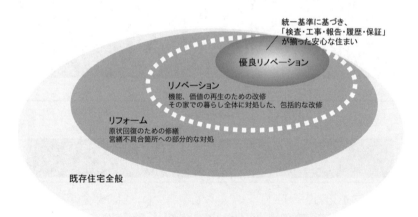

既存住宅評価のための基準づくり：基本構造

協議会が定める「優良リノベーション」

提供価値は、品質確保と情報開示に基づく安心（保証）

既存住宅評価のための基準づくり 「適合リノベーション」基準が目指していること

- 事実上の標準仕様を目指す→客観的な評価の仕組みとなる
    — "優良でない"リノベーションとの差別化を図る
    — 不動産広告メディアとの提携・協働を推進し、
    　事実上の標準仕様（デファクトスタンダード）としていく

- ユーザーへのインセンティブ獲得
    — 税制優遇、金利優遇

- ユーザーに対するサービス向上

—住宅履歴情報として蓄積し、将来のリフォーム時の与件情報、売却時の品質証明などに供する

● 市場の把握
—リノベーション住宅の流通件数、流通物件の傾向など市場の把握
—金融、保証、保険など外部業界との交渉の際のファクトとする

既存住宅評価のための基準づくり
適合リノベーションR1基準

R1基準：区分所有マンション専有部 に関する規定
1．専有部の重要インフラについて、協議会の標準書式
「R1住宅適合状況報告書」を用いて、以下の情報を顧客へ提供すること

1）会の定める**基準**による品質（検査→工事）
2）**検査方法**、更新／流用の**判断基準**の開示
3）**更新工事箇所**の報告
4）**既存流用箇所**の検査結果の報告
5）保証書（アフターサービス基準書）の発行

2．設計図書の提出

必須	①平面図　②仕上げ表
更新した場合	③配管図　④配電図　⑤設備位置図

3．重要インフラは、**新規更新・既存流用**に係らず、検査の結果適合

していることを確認のうえ、2年以上のアフターサービス保証
4．お客様相談窓口を設置

対象とする重要インフラ　※詳細は別紙「検査基準案」参照

1）給水配管　2）給湯配管　3）排水配管　4）ガス配管　5）電気配線 6）通信配線　7）分電盤　8）換気設備　9）住宅用火災警報器　10）床下地組　11）壁下地　12）天井下地　13）浴室防水

「R1住宅適合状況報告書」見本

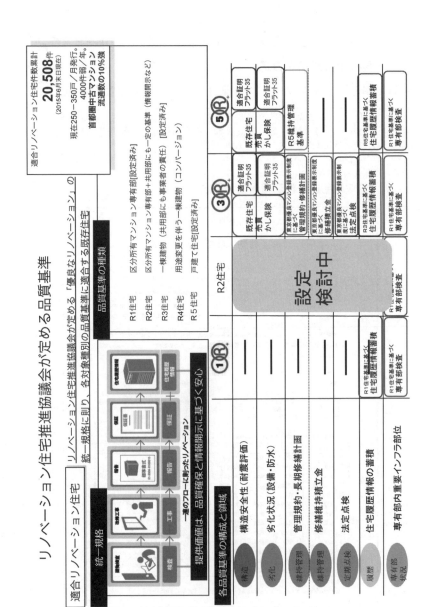

（一社）リノベーション住宅推進協議会　課題から取り組む主な活動内容

	課題	アクション
事業環境整備	・「適合リノベ」発行のメリットが感じられていない →請負系会社（エンドユーザー認知低く、ユーザーメリットが低い） →地方エリア（事業者認知向上必要、メリットづくり）	→ポータルサイト等の連携、エンドユーザー向けのイベント等での認知向上 →協議会内の交流、イベントとによる業者側の認知向上（他者有効活用事例を紹介など） →業者側のメリットづくりとして 住宅ローン金利優遇、かし保険・事業保険の団体割引など →基準の一部見直し（特に戸建て）
	→戸建（R1に比べR5基準が高く、かし保険・フラット適合・構造図なし等に対応できず） →リノベ事業、市場環境が未整備 →リノベーション市場規模が見えない	→適合リノベーションのデータベース化 （現状は適合リノベ発行のみの活用であり、分析・データ開示できるようシステム的な修正課題） →国交省アンケートの実施（23社14038件分など）
	→適合リノベ基準に関する事業者側の意識差 →自社基準より適合基準が低い →適合リノベ基準にあわせることでのローン割合が原価増	→上位ランクの検討
	→中古＋リノベ 一体ローンの取扱い銀行が少ない →審査基準・リノベ分のかし保険評価基準差がない →個人属性や事業者側の企業規模等での審査 →特に地方エリアでは、物件価格に対するローン割合が高い →持家リノベ、投資物件リノベーションの場合、低金利・長期間でのローンがない	→協議会提携ローン開発 （信販系との持家ローン・投資物件の提供は進歩。大手銀行との全国的な開発は進まず） →リフォーム分のローンの担保評価協議会整備基準策定のための調査 加（リフォーム部分の担保評価基準策定のための調査）
	→買取再販物件のかし保険の普及・拡大が進んでいない →かし保険メリット、費用対効果少なく、手続きも煩雑	瑕疵担保等の勉強会・セミナーの実施 かし保険の団体割引

（一社）リノベーション住宅推進協議会　課題から取り組む主な活動内容

課題		アクション
事業者の品質向上	・優秀な人材の確保（採用・研修）	リノベーション合同転職フェア、売買仲介業者（基礎）研修開催
	・ビジネスチャンス拡大、新規ビジネスの検討	交流会等による情報交換の場 各種勉強会・セミナー等の実施 （かし保険勉強会、国交省セミナー、先端事例紹介セミナー、フェイスブックセミナー等）
普及・認知向上	・リノベーションの認知向上、裾野拡大	リノベーションEXPO、東京デザイナーズウィークほか各種イベント開催

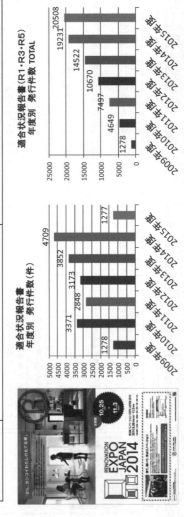

一般社団法人
日本住宅リフォーム産業協会

中古住宅市場活性化小委員会

2014 年 11 月 13 日

株式会社 OKUTA 取締役　執行役員　酒井裕三

一般社団法人 日本住宅リフォーム産業協会　理事　副会長

JERCO の概要

1．正式名称：一般社団法人 日本住宅リフォーム産業協会
2．ジェルコ＝JERCO は Japan Extension & Remodeling Conference Organization の略で当初は日本増改築産業協議会でした。
3．設立：1983年10月で、設立30周年という大きな節目となります。
4．会員数　402社（内リフォーム事業者は319社、他には各メーカー、流通事業者、出版・コンサルタント・IT系事業者）
5．全国に8つの支部を持ち支部単位での地域密着活動を行っております。
支部名：北海道、東北、関東甲信越、中部北陸、近畿、中四国、九州、沖縄
関東甲信越地区会員が全体の40%を占めております。
6．活動内容
＊公益財団法人 住宅リフォーム・紛争処理支援センター様認定の「増改築相談員資格取得研修会」実施団体として研修会を全国開催
＊リフォームデザインコンテストの実施（20年間の継続事業）
＊会員のレベル向上の為の各種セミナー・講習会の開催

＊各種補助金事業展開
　　＊工事保険の為の総合補償制度展開
　　＊リフォームハンドブック等刊行物の発刊
7．関連団体への参画
　①公益財団法人 住宅リフォーム・紛争処理支援センター 様・・・理事
　②一般社団法人 住宅リフォーム推進協議会 様・・・委員
　③一般社団法人 マンションリフォーム推進協議会 様・・・委員
　④一般社団法人 ベターライフリフォーム協議会 様・・・理事(副会長)、委員
　⑤一般社団法人 日本建材・住宅設備産業協会 様・・・委員

2015/7/13

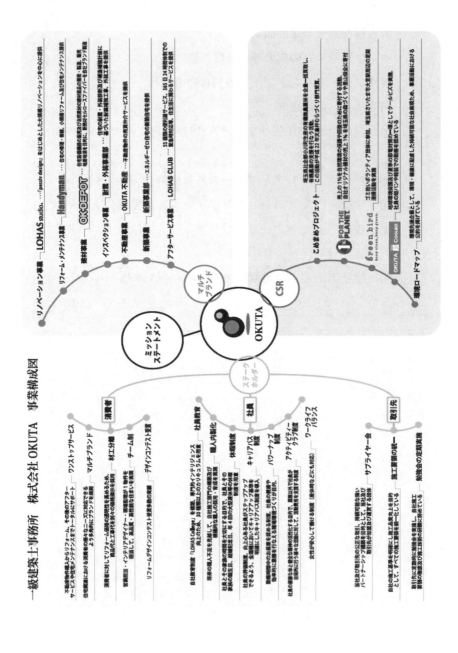

一般社団法人　日本住宅リフォーム産業協会

リフォームの概要

	［緊急］	［緊急ではない］
［重要］	第一領域：緊急で重要 ※日常の生活機能が維持できない事象 ・災害 ・雨漏れ、給湯器破損等	第二領域：重要だが緊急ではない ※新たなライフステージへの展望・期待 ・増改築、改装工事（間取り変更等） ・大規模な改修・模様替え等
重要ではない	第三領域： 緊急だがあまり重要ではない ※日常の生活機能に一部支障（設備機器交換等） ・軽微な故障（付属・備品等） ・内外装材の汚れ・破損等	第四領域： 重要でもなく緊急でもない 備えあれば憂いなし？

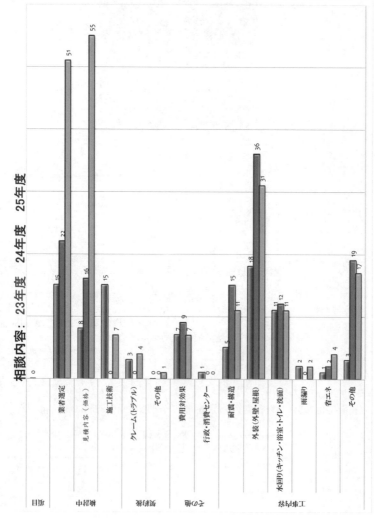

既存住宅の問題点…（リフォーム・メンテナンス）

1．図面が無い・・・・・
2．図面があっても、竣工図が無い（正確でない）・・・・・
3．申請・設計図書が無い・・・・・
4．既に、違法？建築になっている・・・・・
5．改修・メンテナンス履歴が無い・・・・・
6．既存の建物の構法が、多様であること・・・・・
7．増改築の仕方が、多様であること・・・・・
8．誰が建てたか、不明？であること・・・・・
9．設計、施工の違いによって、結果に大きな違いが出ること・・・

相談内容の主な内訳

● 見積金額の詳細が不明（一式見積）（調査が曖昧で、いきなり清書高額見積）
● 調査報告が無い（既存の状態）
● プランニング図面（設計図）が無い
● 工事内容が書面にない
● 相見積業者間の数量等が曖昧

数年～数十年に一度の需要・・・

● 専門用語（専門性）が多用され、具体的に把握できない。。。
● 優先順位の甲乙が付けられない。。。
● 本当に必要なのかどうか。。。

- 本来の目的を見失ってしまう。。。

主な回答内容

- 事業者団体登録加盟や地域活動、表彰など
- 建設業・建築士事務所 免許保持、工事保険の確認
- 実例の紹介、実績他、地域に根ざしている活動等
- 費用対効果の検証
- 複数事業者の相見積もりを取得
 （含まれているもの、含まれていないものを見極める）
- 一式見積は× 請負契約書（標準）を保有
- 訪問販売業者に要注意
- 自身の目的を明確に余裕のある健全な資金計画
- 「打ち合わせ」などは、口答でなく書面で（記録）
- クーリング・オフ制度とは？
- アフターフォローや保証制度の確認
- リフォーム瑕疵保険制度

中古住宅×リノベーション
（中古住宅取得＋リフォーム）

既存住宅の問題点・・・(中古販売物件)

1. 図面が無い・・・・・(マイソク図面のみ)
2. 図面があっても、竣工図が無い（正確でない)・・・・・
3. 申請・設計図書が無い・・・・・
4. 既に、違法？建築になっている・・・・・
5. 改修・メンテナンス履歴が無い・・・・・
6. 誰が建てたか、不明？であること・・・・・

※立地条件が主体

● 駅、学区、スーパー、コンビニ、公園、e.t.c……

1997年 木造軸組　横浜市 港北区

基礎破断 他、クラック数カ所

地盤沈下及び構造負荷

リノベーション

木造戸建て住宅でのデメリット

● 新築並の品質性能に劣る。

● 建物評価が皆無（現状有姿）

● 既存不適格が大前提（築年数に応じた設計・施工基準）

● 手を入れていない部分は、早い段階で補修等が必要になる。
（外装など）

● 隠蔽部の判断が付きにくい。（インスペクションの限界）
（劣化や性能面において説明が無い。リフォームで大丈夫？）

● リフォームの予算が付きにくい（どこまで必要か）
　※「劣化度合い」と「性能向上」は、意味合いも方法論も異なる

※これからの課題は「性能」。
　長期優良住宅化リフォーム指針が、住宅性能向上の「標準ガイドライン」

既存住宅インスペクションの見取り図

現状：
- 現在民間事業者により実施されている「インスペクション」といわれるサービスは、中古住宅の売買時検査のみならず、新築入居時の検査やリフォーム実施時に行うものなど様々である。
- 目視等を中心として住宅の現況を把握するために行われる現況検査は、最も基礎的なインスペクションであるが、現場で検査等を行う者の技術力や検査基準等は事業者ごとに様々な状況にある。

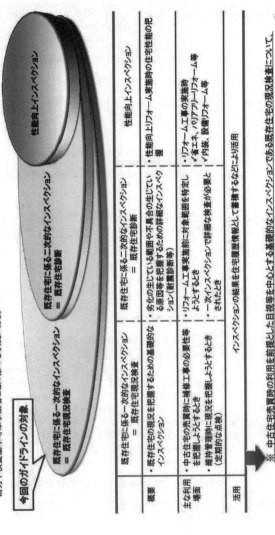

概要	既存住宅に係る一次的なインスペクション ＝既存住宅現況検査	既存住宅に係る二次的なインスペクション ＝既存住宅診断	性能向上インスペクション
	・既存住宅の現況を把握するための基礎的なインスペクション	・劣化の生じている範囲や不具合の生じている原因等を把握するための詳細なインスペクション（耐震診断等）	・性能向上リフォーム実施時の住宅性能の把握
主な利用場面	・中古住宅の売買時に補修工事の必要性を把握しようとするとき ・維持管理時に現況を把握しようとするとき（定期的な点検）	・リフォーム工事実施前に対象範囲を特定しようとするとき ・一次インスペクションで詳細な検査が必要とされたとき	・リフォーム工事の実施時 ／省エネ、バリアフリーリフォーム等 ／内装、設備リフォーム等
活用	インスペクションの結果を住宅履歴情報として蓄積するなどにより活用		

※ 中古住宅売買時の利用を前提として目視等を中心とする基礎的なインスペクションである既存住宅の現況検査について、検査方法やサービス提供に際しての留意事項等について指針を示す。

現場調査

LEVEL：1 販売又は内装仕上げ、設備機器を重点とする調査
　　　　　（欠陥・欠損・欠落等のチェック・現状維持・対症療法）

性能向上現場調査

LEVEL：2 住宅の性能評価を基準とする建物の調査
　　　　　（性能低下・不足による原因追及、性能向上改善提案）

一般的なインスペクション（現場調査）との違い

	現場調査 販売・売買事業者	性能向上現場調査 設計・施工・改修事業者
目的	建物が健全であることを大前提として修復(復旧)することを目的とする調査	既存状態を見極め、住まいの機能・性能を回復、維持・向上のための調査
	⇓	⇓
	対症療法のための点検調査	原因を究明し改善提案するための調査
視点	販売を目的とした意匠性を重視	意匠・性能共に価値観を重視
	⇓	⇓
	建売型のリフォーム	消費者が選択できるリフォーム

「リフォームに適応する建築士の整備」と「性能向上インスペクション」の策定が急務（ガイドライン）

1．構造耐力上主要な部分（基礎） 06

大規模改修であるからこそ改修を行うべき構造上重要な部位である。状況によっては破壊検査により確認する必要がある。

1．幅0.5mm未満のクラック

いわゆるヘアークラック。
構造上特に支障はないが、雨水の水道となって鉄筋を腐食させる恐れがあるためシーリングやモルタルによる補修が必要である。

2．幅0.5mm以上のクラック

構造上問題あり。
エポキシ樹脂注入等による補修が必要である。上写真のように、床下換気口周りに発生しやすい。

3．深さ10mm以上のクラック

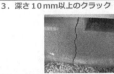

構造上問題あり。
クラックの深さが10mmを超えていた場合、鉄筋に影響を及ぼしている可能性が高いので注意を要する。

4．コンクリートの強度

シュミットハンマーによりコンクリートの強度を測定。
測定値が規定値を著しく下回った場合、基礎の補強を行う必要がある。

（ジェルコインスペクションシートより一部抜粋）

1．構造耐力上主要な部分（土台・床組） 10

大規模改修であるからこそ改修を行うべき構造上重要な部位である。状況によっては破壊検査により確認する必要がある。

5．仕口・継手の状態（金物等）

仕口や継手の状態を確認。
金物の錆だけではなく、どのような種類の仕口・継手を用いているかをチェック。

6．アンカーボルトの状態

アンカーボルトの太さ、位置、締め付け具合を確認。
ナットの緩みがなかったとしても、座金を交換する方が望ましい。

7．火打ち土台の状態

劣化・腐朽状態の確認は当然のこと、上写真のように火打ち土台があるべき箇所に施工されていないこともあるので、火打ち土台の有無の確認も必ず行う。

8．断熱材の有無

床下に断熱材が施工されているか確認。
施工されていた場合は、断熱材の種類と劣化状態を確認。上写真の場合、断熱材が割れている上に、配管周りの隙間充填処理が施されていない。

（ジェルコインスペクションシートより一部抜粋）

1．構造耐力上主要な部分（横架材）

大規模改修であるからこそ改修を行うべき構造上重要な部位である。状況によっては破壊検査により確認する必要がある。

5．不陸状態（たわみ等）

経年変化によるクリープ現象や、負荷のかかり具合によって梁にたわみが生じる。
上写真では、梁のたわみによって小屋束の仕口に隙間が生じている。

6．仕口・継手の状態（金物等）

適確な架構設計を行うために、現況の仕口や継手の状態や使用している金物を正確に把握しておく必要がある。確認作業とならないように、不具合があるところはしっかりとチェックする。

7．火打ち梁の状態

火打ち土台と同様、あるべき箇所に施工されていないケースがある。また、施工されていても上写真のようにボルトが抜けてしまっていては効果は期待できない。

8．欠損（貫通口等）

設備配管や電気配線をする上で、止むを得ず梁に貫通口を設ける場合があるが、構造上望ましいことではない。貫通口があった場合は、規定の範囲内の位置、大きさであるかも確認する必要がある。

（ジェルコインスペクションシートより一部抜粋）

現場における劣化箇所診断

目視録を活用した現場での円滑な調査診断

現場から携帯電話でダイレクト整理登録できます。

「住宅履歴」の義務化を促進

一般社団法人　日本住宅リフォーム産業協会

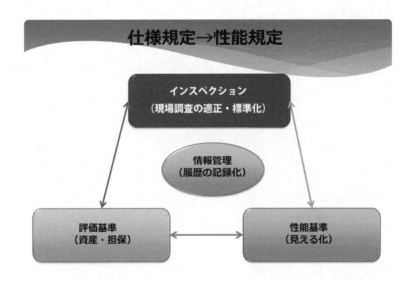

適正価格とは？（お客様への教育）

品質
性能・デザイン
設計・施工

サービス
住宅履歴（情報管理）
アフターメンテナンス
保証体制

価格
商品・工事
透明性・明朗化

付加価値（対価）
安心・安全

信頼（期待）

信用（実績）

優良ストック住宅推進協議会

（スムストック）

優良中古住宅流通活性化に向けて

優良ストック住宅推進協議会（スムストック）

2015年2月12日

優良ストック住宅推進協議会（スムストック）とは

住宅メーカー10社及びそれぞれの関係不動産会社で構成（平成27年2月現在）

協議会の目的

- 「住生活基本法」の趣旨に則り、ゆとりある住生活の実現をするため、住宅についてフロー型社会からストック型社会への変換を目指し、優良なストック住宅の普及を図ることを目的とする。
- 優良なストック住宅について、「スムストック査定方式」による査定に努め、その流通を推進し、住宅の長寿命化に取り組むとともに、良質なストック住宅の供給を通じ、安全で安心できる良好な居住環境の提供を促進する。

協議会の役割
- スムストックの定義及びスムストックの査定マニュアルの策定および見直し
- スムストック住宅販売士の研修カリキュラムの策定および展開
- ホームページなどによるスムストック及びスムストック査定方式の広報・普及推進

査定・販売の主体は、各加盟会社

海外の住宅事情

築47年〜70年の現役住宅達
米国西海岸の既存住宅

築70年（建築年:1937年）
築70年（建築年:1937年）
築47年（建築年:1950年）
築73年（建築年:1934年）

優良ストック住宅推進協議会（スムストック）

海外の住宅事情　水まわりの設備は欧米でも重要視されています

欧米では"中古"ではなく既存住宅

所有者が代る度に大規模リフォームを実施

| 日本の住宅事情 | 一方、日本の築20年の住まいは・・・ |

築20年を越えると「古屋付き土地」

↓

築30年程度で建替される現状

日本における中古住宅の現状

わが国、日本には良質な既存住宅は無いのか？

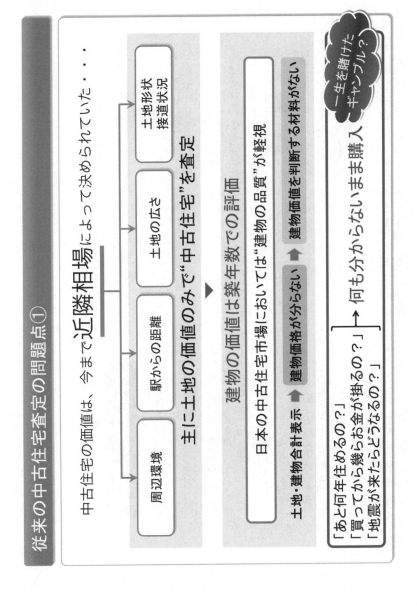

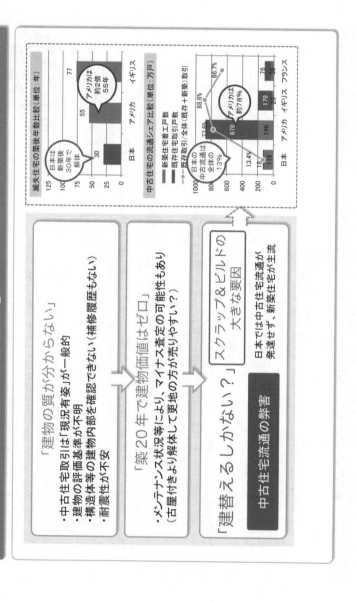

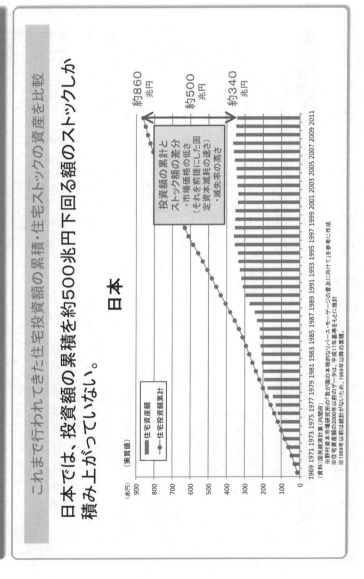

持家は資産か？耐久消費財か？

資産価値評価の方法

従来の住宅資産価値評価

- 適正な査定方法が無いため価値評価ができない
- 資産価値がゼロになってもローンは残る

適正な査定による資産価値評価

- 適正なメンテナンスで資産価値を維持
- 適宜のリフォームで資産価値を上げる

適正な評価

長期メンテナンスプログラム

マンションと違い一戸建てには有りません

万全のサポート体制

建物の資産価値を維持
オーナー様の利益確保

スムストックブランド

SumStock の条件
- ◆ 住宅履歴データベースを保有していること
- ◆ 50年以上のメンテナンスプログラムの保有と実施
- ◆ 新耐震基準（1981年施行）レベルの耐震性を保持している

住宅寿命を長くする為の唯一の手段

● 一般住宅の場合…

長期に渡るメンテナンスサービスがない

メンテナンスはオーナーの自己責任

20年後、価値ゼロ！

スムストック 約6年間の取組み

1. 各ハウスメーカーの系列不動産会社を組織化
2. 「スムストック住宅販売士」という資格制度を導入
3. 「スムストック査定」という新しい評価基準を策定
4. 買主様にメンテナンスプログラムと、その実績を公開

▽上記の取組み実績により…

中古住宅 築20年で **評価ゼロ** → スムストック建物価値 **約500万円**

購入者の声
高いけど、安心。だから納得。

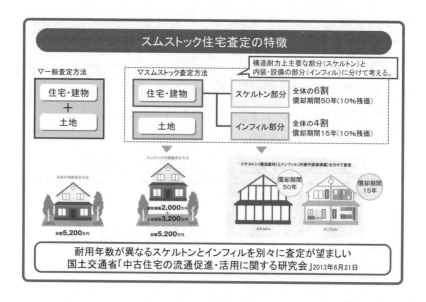

今までの査定とどう違うのですか？

▽建物価格差の比較

スムストック住宅と、今までの査定金額(建物)を比較すると…

流通耐用年数20年で残価ゼロと査定した場合

	築年数	建物広さ	一般査定価格	建物価格	価格差
鉄骨2階建	築29年	約43坪	0円	462万円	462万円
	築25年	約28坪	0円	380万円	380万円
	築22年	約39坪	0円	539万円	539万円
	築21年	約34坪	0円	620万円	620万円
	築18年	約37坪	196万円	755万円	559万円
	築12年	約46坪	997万円	1,380万円	383万円
	築14年	約33坪	489万円	984万円	495万円
鉄骨3階建	築13年	約46坪	879万円	1,507万円	628万円
木質系	築18年	約35坪	184万円	760万円	576万円
	築16年	約35坪	335万円	720万円	385万円

スムストック査定と一般査定での建物評価の差は歴然
(平均で500万円以上の査定額差が発生)

購入者の声
高いけど、安心。だから納得。

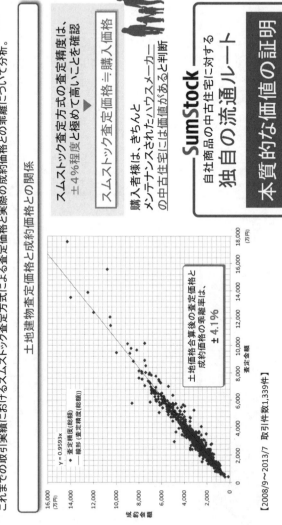

終の棲家と思って建てたけど…

課題
- 住宅履歴データがメンテナンスされていないと、査定が不利になるばかりか買い客が不安になり他の物件を購入、もしくは値引き要因となる。
- 相続によって子が継承するも、建物保全状況の把握が困難である。

きちんと建物がメンテナンスされ、履歴データが蓄積されていれば…

- 急な住替えでも建物価格を高く査定されやすい

- 投資したコストは無駄にならず、査定価格に上乗せされる

- 相続時に、住宅履歴データを併せて引き継げる

- 親の投資したリフォーム費用等は価値として受け継がれる

売却時だけで無く、子孫への承継も考えてメンテナンスしましょう！

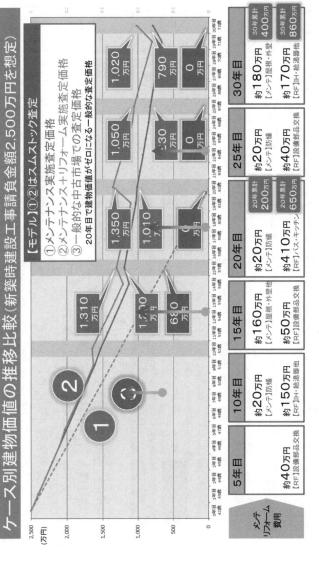

一般住宅へのスムストック査定適応について

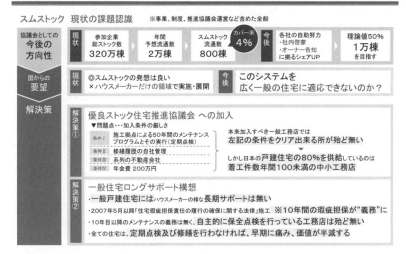

ご清聴ありがとうございました
日本の戸建て流通住宅の常識を変える！

今までになかった住まい選びのプレミアムな選択肢
それが「スムストック」

一般社団法人

不動産流通経営協会

安心・安全な取引を実現するための
取り組みについて
～更なる不動産流通活性化を目指して～

一般社団法人 不動産流通経営協会
業務・流通委員会 委員長
大下 克己
（三井不動産リアルティ株式会社 取締役専務執行役員）

運営委員会 委員長
中北 均
（東急リバブル株式会社 執行役員）

自由民主党
中古住宅市場活性化小委員会資料
2015年2月26日

～前提～
時代認識
顧客行動の変化、不動産流通会社の仕事のしかたの変化

[背景]
▶ ネット社会となり、従来紙媒体で断片的にしか得られなかった物件情報が、いつでも網羅的に入手可能に。それにより、不動産流通会社と顧客間に存在した**情報格差が縮小**。

- ▶ 物件情報を無償で手軽に入手でき、かつ、物件自体や周辺環境などの口コミ、相場情報、リスク情報など、購入者は複眼的な物件の検討が可能に。
  それにより、購入検討顧客の**不動産流通会社に対する依存度が低下**。
- ▶ 物件情報やエリア情報のオープン化が進み、顧客の**不動産流通会社選定基準も変化**。
  従来は物件情報を多く保有している会社が顧客に選ばれる傾向にあったが、顧客に寄り添い、迅速で質の高いサービスを提供できる会社が、大手・中小関係なく選ばれる傾向に。
- ▶ 社会的なコンプライアンス意識、レピュテーションリスクの高まりと共に、仲介業の仕事の仕方が変化。

- ● 不動産流通会社の選択基準は、保有物件情報の多さから、「安心で安全な不動産取引を、確実に顧客へ提供できる」ことに変化。従って、各社はより多くの情報を握り、囲い込むことよりも、「安全な物件の提供」「安心な取引の実施」に注力。
- ● 不動産流通業が「情報流通業」から「商品流通業」へシフト。

～「情報流通業」から「商品流通業」へ～
安全な物件の提供（1）
中古住宅のリスク回避と商品流通時の透明化促進

［背景］
- ▶ 宅建主任者は建物の専門家ではないため、従来建物については、物件の状態が不透明なまま売りに出される状態であった。インス

ペクションについては、売主側が応じないケースも多く、買主ニーズと合致していない状況。
▶市場が成熟し、築年数の経過した物件も数多く流通。不動産流通会社はこれまでのように、単に物件を「情報」として扱い、そのまま売り出しすることから、「商品」として扱い、売り出し時に如何に安全で安心できる「売れる商品」に仕立て上げるか、に注力。
▶物件情報体系の整理

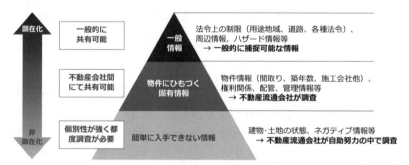

▶商品として見たときに、マンションと土地・戸建ではリスクの性質が大きく異なる。
▶マンションの主なリスクは「設備（専有部分）」と「管理（共用部分）」の2点。きちんと管理された状態の物件であれば、躯体や構造のリスク発生は少ない。
▶戸建の場合、「建物リスク」の存在が大きい。
構造、配管、設備など、土地も含めると、地盤、地質など多岐に渡る。

マンションの取引リスクを減らすための取り組み
● 設備保証（専有部分）
● 媒介契約締結物件の調査精度向上（独自調査項目の設定、管理会

社・売主に対する共用部分および管理状況の具体調査等）

土地・戸建の状態を把握するための取り組み
- インスペクション、地盤調査、測量調査、耐震調査等
- 媒介契約締結物件の調査精度向上

物件の商品価値を高める取り組み
- サービスメニューの拡充（事前補修、クリーンアップ、ステージング、空家管理、等）

安全な物件の提供（2）
引き渡し後のトラブル回避のための施策促進

[背景]
▶引き渡し後も、一般消費者である売主に一定期間瑕疵担保責任の残る現行制度。
▶中古住宅は一般消費者間での売買が8割を超える ※。
  売主、買主ともにプロではないため、**情報開示や責任範疇には限界があり**、結果として中古住宅流通の阻害要因または取引上のトラブルとなるケースが、多く見受けられる。
※ 2013年度三井不動産リアルティにおける全国売買仲介店舗の不動産取引（新築物件除く）のうち、売主・買主共に一般消費者であった割合（CtoC取引の割合）は80.9％。

引き渡し後トラブルリスク回避の取り組み
- 瑕疵保証サービスの導入

＊東急リバブルの瑕疵保証サービスの例
　自社保証（仲介手数料のみで受けられるサービス）。

建物については、売主・買主に対して上限200万円まで補修費用を保証（買主のみ5万円免責）。

またシロアリについては、売主・買主に対して上限50万円まで補修費用を保証。

検査申込実績は、2012年10月からの2年間で1万件を突破。

安心な取引の実施（1）
人材への投資

[背景]

▶不動産流通業は「人」の産業。

「人」を介して行なうサービスが役務の全てであるという認識のもと、安心取引を提供するための、取引従事者の育成・成長への投資を積極的に実施。

▶顧客は不動産流通会社に対して、「手数料の安さ」「情報の多さ」「高値での売却」といった量的項目よりも、「安全・安心な取引」「的確な対応」「営業担当者の熱意」といった質的項目のプライオリティが高い。（次頁参照）

高い宅建保有率と資格取得の促進

● 大手不動産流通会社営業担当者の宅建保有率は、いずれも90%超 ※。

　　※ 2015年2月時点。99%の野村不動産アーバンネットをはじめ、三井不動産リアルティ、東急リバブル、住友不動産販売、三菱地所リアルエステートサービス、三菱地所ハウスネットの各社いずれも90%を超えている。

● 顧客に対して営業活動を行うためには、最低限必要な資格と認識

専門性を高めるための研修・検定制度

(参考資料)

【売却者】不動産会社を選定する際に重視する点は？

「大変重視した＋重視した」と回答した方の割合（％）	
営業担当者が安全にトラブルなく取引を行ってくれそうなこと	77.9
営業担当者の物件や不動産取引に関する知識が豊富そうなこと	69.8
営業担当者の説明の分かりやすそうなこと・提案力がありそうなこと	68.5
営業担当者の仕事が的確で早そうなこと	68.4
営業担当者の熱意がありそうなこと	67.1
高く売ってくれそうなこと	66.5
売却物件の近くで多くの取引をしていること	62.4
早く売ってくれそうなこと	61.9
手数料が安いこと	39.2

(単位:％)

【購入者】不動産会社を選定する際に重視する点は？

「大変重視した＋重視した」と回答した方の割合（％）	
営業担当者が安全にトラブルなく取引を行ってくれそうなこと	77.8
営業担当者が候補の物件のメリット・デメリットをきちんと教えてくれそうなこと	72.2
候補となる物件を取り扱っていること	71.2
営業担当者の仕事が的確で早そうなこと	71.1
営業担当者の物件や不動産取引に関する知識が豊富そうなこと	70.5
営業担当者の説明の分かりやすそうなこと・提案力がありそうなこと	69.0
たくさんの物件を取り扱っていそうなこと	50.5
手数料が安いこと	37.0
物件や設備の不具合を補修してくれるサービスがあること	35.7

(単位:％)

※ 2014年2月三井不動産リアルティ調べ。
※首都圏の過去3年以内に売買取引をした一般の方（売却者 1,945 名、購入者 3,268 名）を対象に実施。

安心な取引の実施（2）
契約内容の透明化

[背景]
- 物件における瑕疵の存在を立証するのは売主の責任か買主の責任か、仲介手数料の対価の範囲は、など、中古物件売買に関する、**売主・買主・仲介会社の責任範囲は必ずしも明確でない。**
- 不動産流通4団体で契約書の内容が異なる。
  大きく異なるのは、「売買対象の定義」と「瑕疵担保責任範囲」の2点。設備を売買対象に含めるか含めないかで、団体ごとに考え方が異なるため、不動産流通会社の物件調査など、仕事のしかたにも影響。
  （異なる団体に所属する不動産流通会社間取引の場合、原則は売主担当の会社が所属する団体の書式を使用することが慣例となっているが、実態としてはFRK書式を使用するケースが多い）

標準契約書式の統一（売買契約内容解釈の統一）
- 顧客の混乱を防ぐ目的
- 中古不動産売買における、売主・買主・仲介会社の責任のあり方を議論する目的

重要事項説明書、付帯書類（物件状況報告書・設備表）の項目、解釈の統一

～ 今後に向けた取り組みについて ～
不動産流通を活性化させるために

▶売買契約内容解釈の統一
１．不動産売買における取引解釈の統一
　（不動産流通４団体契約書の統一による売主・買主・仲介会社の責任範囲の明確化）
▶物件情報の可視化：マンションの管理不安への対応
２．マンション取引の実態に則した重要事項説明項目の検討
　（重要事項説明における項目の整理、管理情報の充実、等）
３．マンションの管理情報公開の検討
▶物件情報の可視化：戸建ての建物不安への対応
４．取引フロー内へのインスペクションの取り込み
▶税制
５．中古物件における新築並みの税制優遇

添付資料

１．マンション管理会社への重要事項に係る調査依頼書
２．物件調査時チェックリスト
　（三井不動産リアルティ）
３．不動産流通会社のサポートメニューラインナップ
　（三井不動産リアルティ）

重要事項に係る調査依頼書

<依頼日>
平成　　年　　月　　日
<発信者>
〇〇〇〇
TEL／00-0000-0000
FAX／00-0000-0000

マンション名　　　　　　　　　様

御中
　　　　　　様

拝啓　時下ますますご清栄のこととお慶び申し上げます。
さて、さっそくではございますが、弊社管理受託のマンション全体ならびに、対象住戸における下記の質問事項について、ご回答いただきますようお願いいたします。
※当該FAXがいたの記載事項の重要事項に係る調査依頼書の記載事項は数量についていただいてからのことです。
なお、下記事項以外に、重要管理組合への申告や申し出等、参考資料があれば、併せてお送りいただきますようお願いします。

【マンション管理適正化法
　　による重要事項】

[本店]住所	
[本店]電話番号	（　　）
[担当支店]住所	
担当者・電話番号	（　　）

〈ご回答日〉
平成　　年　　月　　日

1. 管理組合関係について

管理組合名	
管理組合理事長名	年／　　　　　　様（電話　　　　　）
管理組合会計年度	年／　　　　　　様（電話　　　　　）
定期総会実施時期	毎年　　　月開催

2. 管理形態について

管理形態・範囲	□全部委託　□一部委託　□自主管理
管理員の勤務形態	□常駐（住込）　□自動　□巡回　□連絡業務のみ　□不在
勤務曜日	勤務／月・火・水・木・金・土・日 曜日／
勤務時間	勤務時間／　　：　　～　　：　　 休憩／　　　　　曜日は、
管理員氏名（電話番号）	氏名／　　　　　　　（電話　　　　　）
備考	

3. 対象住戸の管理費、修繕積立金等について

管理費	円 |（　内訳　）□平成（　種別：　　　）
	□無　□有（全額：　　　円）
修繕積立金	円 |（　内訳　）□平成（　種別：　　　）
	□無　□有（全額：　　　円）
管理費等における滞納の有無	□無　□管理費に滞納 □有（　　　　　　）
例：專用使用料 インターネット使用料	□無　□有（月額：　　　円） □積立（　　円／年額：　　　円／管理費に含む）
（対象住戸の分譲区分） ◆分譲事業者名等の有無	□無　□有（月額：　　　111円／年額：　　　円／管理費に含む） □無　□有（　　　　　）
◆分譲スケジュール所有権	□無　□有（　　　　　）□室内分　□自動振替

管理費等の支払い方法	毎月　　　日に　□当日　□翌月　（　　ヶ月分）□指定口座へ振込
管理費等納入の 指定口座開設の有無	□不要　□必要
管理費の改定予定	□無　□有（場合→□時期：　　／　□金額：　　　／　□未定） □管理会社で検討中
修繕積立金の改定予定	□無　□有（場合→□時期：　　／　□金額：　　　／　□未定） □管理会社で検討中
備考	

4. マンション全体の管理費、修繕積立金等について

修繕積立金の　積立状況	
	（　内訳　）□無　□有 □無　□有
管理組合の借入金残高	円（借入先／　　　　　　）
備考	

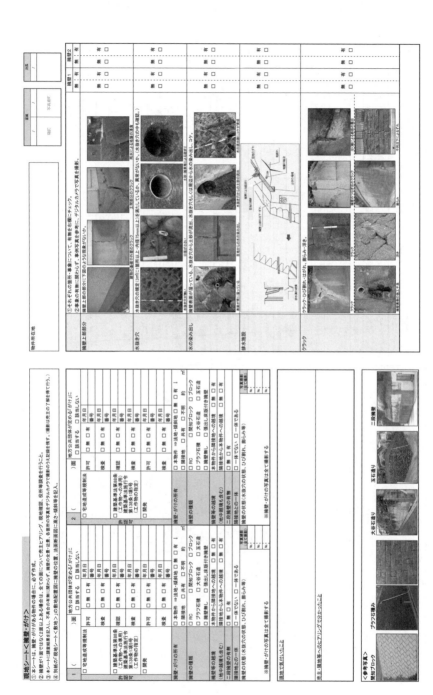

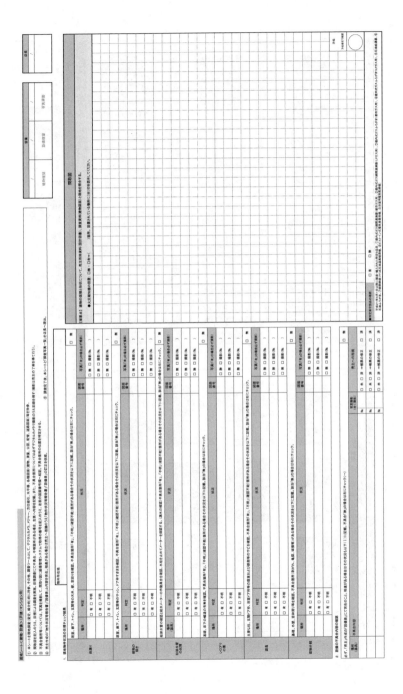

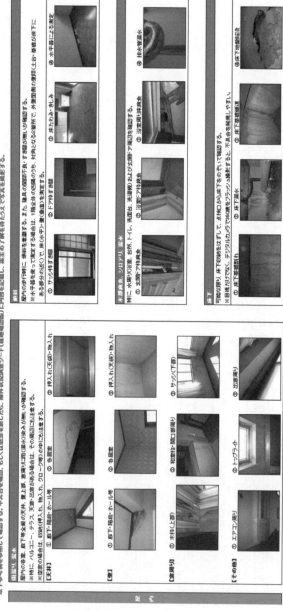

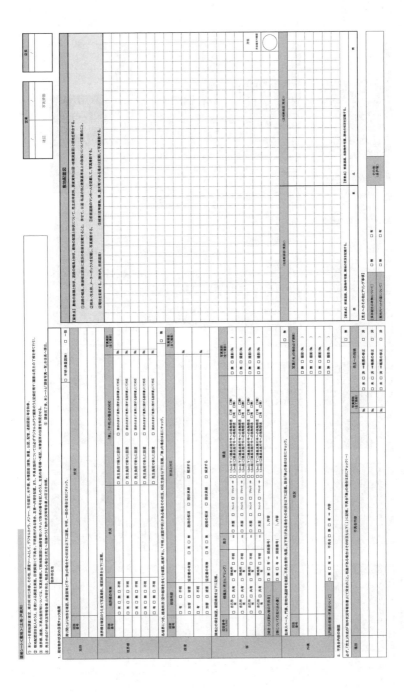

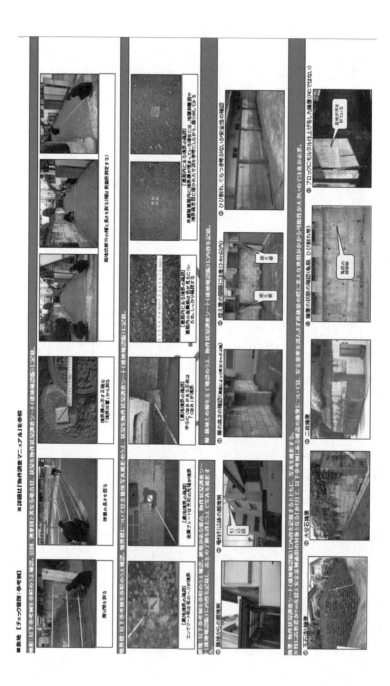

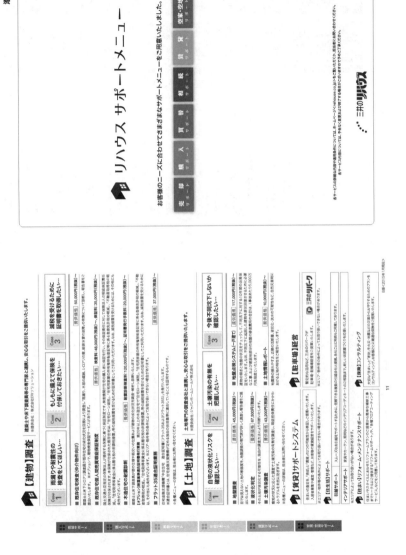

三井のリハウス

三井のリハウスは、既存住宅の安心・安全な取引の実現を目指すとともに、お客様の想いに応える付加価値の高いサービスを提供してまいります。

このたびは、三井のリハウスにご相談をいただきまして誠にありがとうございます。
不動産にかかわるご相談の内容は、ご売却、ご購入、ご買換、ご相続、賃貸、有効活用など、お客様によってさまざまです。
例えば、ご家族の環境の変化にともなう新居への買い替え、転勤や相続による賃貸運用、相続で受け継いだ空家や空地の有効活用など…。

三井のリハウスでは、そのようなお客様のライフスタイルの変化や状況に応じた多様なニーズにお応えするため、不動産にかかわるサポートメニューをご用意してまいりました。お客様の幅広いご要望に、不動産のご売却、ご購入に伴う不安を少しでも解消するためにお役立てください。

私たち不動産仲介会社として目指していることは、それは一人ひとりのお客様のご要望に寄り添い、最適なご提案とご対応を実現にすることで信頼を築くし、結果を出すことです。
心からご満足いただける仲介サービスをご提供することです。

リハウス サポートメニュー

- 売却サポート
- 購入サポート
- 買替サポート
- 相続サポート
- 賃貸サポート
- 空家・空地サポート

サポートメニュー	売却サポート	購入サポート	買替サポート	相続サポート	賃貸サポート	空家・空地サポート	ページ
もしもの建物の不具合 【住宅設備修繕サービス】	●						03・04
【設備修理サービス】	●						05
急なトラブルに対応 【緊急24時間対応サービス】	●						06
【土地測量調査サービス】	●						07
住まいに対する相続のご相談 【相続無料診断サービス】				●			08
相続の納税にもお役立ち 【相続税につなぐ定期預金】				●			08
スピーディーで確実な売却をサポート 【買取リサポートシステム】			●				09
より確実で"即"なお約束 【売却即保証】			●				09
スムーズなお住み替えをサポート 【住まいクリーンナップサービス】						●	10
空家・空地の巡回サービスを提供 【空家・空地巡回サービス】						●	10
売却前の物件をより魅力的に演出 【建物調査】					●		11
地積やご境界のご確認 【土地調査】					●		11
三井のリハウスからの提案 【賃貸サポートシステム】						●	11
駐車場から駐車場運営 【駐車場経営】						●	11
計画リフォームサポート 【住まいリフォームサポート】					●		11
住まいを快適かつ長持ちさせるために 【住まいリフォーム・メンテナンスサポート】					●		11
火災保険のお悩みをまとめて解決 【保険コンサルティング】					●		11

216

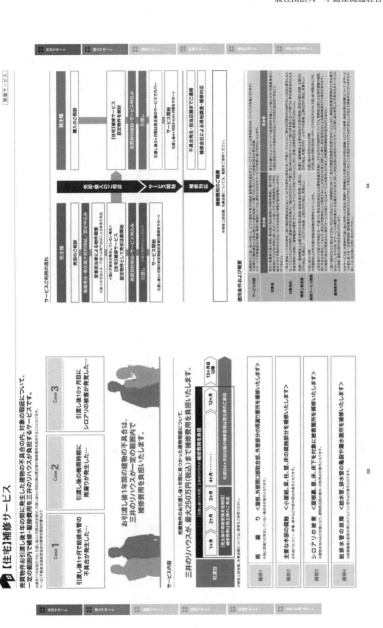

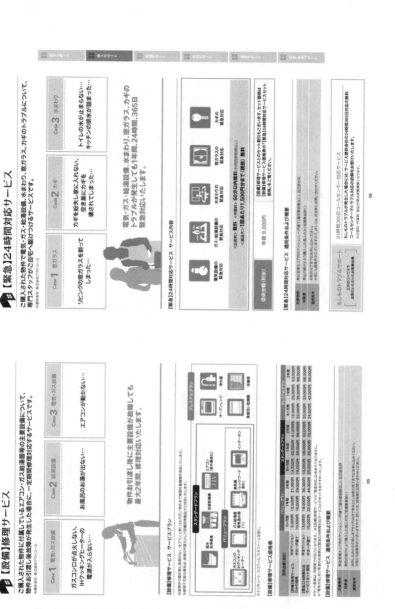

公益社団法人
日本不動産鑑定士協会連合会

中古住宅の評価についての取組み

公益社団法人　日本不動産鑑定士協会連合会

不動産鑑定士について

不動産鑑定士とは

　不動産の経済価値を判定し価格として表すことを「不動産の鑑定評価」といい、そのような不動産の鑑定評価を行う国家資格者のことを「不動産鑑定士」といいます。

　不動産の評価に関するプロフェッショナル

不動産鑑定士のおもな仕事
◆公的土地評価
 1．地価公示及び地価調査
 2．相続税評価
 3．固定資産税評価
 4．公共用地の取得（補償）のための評価
 5．土地収用のための評価
 6．国・公有不動産の売却・貸付のための評価
 7．競売のための評価

◆民間の不動産評価とコンサルティング
 1．リート所有不動産の評価等

2．企業会計のための企業所有不動産の評価等
3．不動産を担保にするときの評価等
4．不動産を売買・交換するときの評価等
5．不動産を賃貸借するときの評価等
6．共同ビルの権利調整や再開発のときの評価等
7．会社設立、増資、分割、会社更生、民事再生等のための評価等

消費者のニーズに応える仕組みとして住宅ファイル制度を提案し、具体化に取り組み

消費者（中古住宅の買手）がお金を払っても得たい情報
1．<u>住宅の品質、維持管理の状態</u>（耐震・耐火性能、設備の状態）
　→インスペクション、シロアリ点検
2．<u>価格の妥当性</u>→中古住宅の状況に応じた（リフォームを前提とする価値の増加に対応した）
　　　　　　　<u>妥当な価格</u>
　　　　　　　　↓

不動産鑑定士が他の専門家の調査を参照して客観的に妥当な価格を査定

※アメリカ、オーストラリアでは、個人の住宅取引時（ローンを使う場合）には不動産鑑定士が価格評価を行っている

中古住宅評価についての連合会の取組み(背景)

1. これまで不動産鑑定士が個人住宅の取引にかかわることはまれであった
   アメリカ・オーストラリアでは、不動産鑑定士が中古住宅市場で重要な役割を果す
   (※ともにノンリコースローン制度を採用)
⇒ 中古住宅市場での不動産鑑定士活用の可能性
   (※我が国はリコースローン制度で、借入人の信用と住宅の市場性を重視)
2. 中古住宅(特に戸建住宅)の評価の精緻化の必要性
   　　　　　現状の中古住宅市場では…

① 戸建住宅の建物を20〜25年で価値0とし、土地価格で流通させる慣行の存在
② メンテの状況やリフォームの有無が流通市場で認められにくい状況

中古住宅評価についての連合会の取組み
（目指す方向）

1．中古住宅市場における不動産鑑定士の活用
　　⇒　住宅ファイル制度の定着
　● 住宅流通市場における様々な専門家と協力して、客観的な市場価値を評価し、有用な情報を提供して安心、安全な取引を図る。

2．中古戸建住宅評価の精緻化
　● 中古戸建住宅の性能や維持管理の状況を反映できる評価手法の確立（国土交通省と連携して検討）
　● 中古戸建住宅評価に資するシステム（JAREA　HAS）の整備

「JAREA HAS」について

1．JAREA HAS
　　Japan Association of Real Estate Appraisers house appraisal system の略称。
　公益社団法人日本不動産鑑定士協会連合会が、不動産鑑定士が戸建て住宅の評価を行う場合の支援システムとして開発。

2．JAREA HASの特徴
(1) 精度の高い再建築価格（再調達原価）の査定が可能
　　　● 一般財団法人建設物価調査会の再調達原価査定システム（JBCI）を組み込み、戸建て住宅について、地域、規模、建物の性能やリフォームの状況を反映した精度の高い再調達原

価の査定が可能。
- 建物を基礎、躯体、屋根、内部仕上げ等11部位に分けて部位ごとに再調達原価を査定。

(2) 新築時からの価値の減少額（減価修正）についてリフォームの影響も反映させることが可能
- 建物の部位毎に、修繕が必要な部分、経年経過に伴う価値の減少を反映させることが可能。
- リフォームにより取替が行われた部位については、経過年数に反映させ、適切な減価を把握することが可能。

JAREA HASのトップメニュー

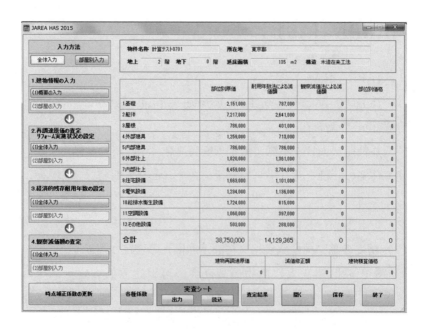

住宅ファイル価格調査報告書での活用

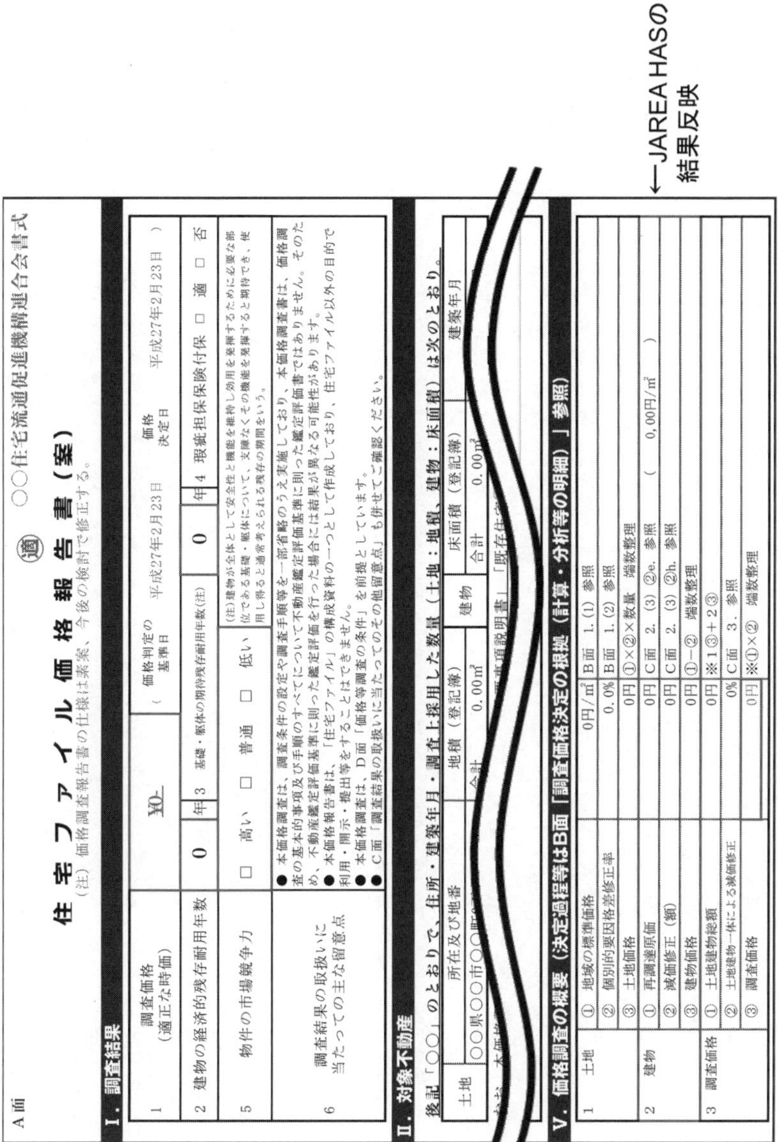
←JAREA HASの
結果反映

A面

○○住宅流通促進機構連合会書式

適

住宅ファイル価格報告書（案）

（注）価格調査報告書の仕様は素案、今後の検討で修正する。

Ⅰ．調査結果

1	調査価格（適正な時価）	¥0-		（価格判定の基準日　平成27年2月23日　価格決定日　平成27年2月23日）			
2	建物の経済的残存耐用年数	0	年	3　基礎・躯体の期待残存耐用年数(注)	0	年	4　瑕疵担保保険付保　□　適　□　否
5	物件の市場競争力	□　高い　□　普通　□　低い		(注)建物が全体として安全性と機能を維持し効用を発揮するために必要な部位である基礎・躯体について、支障なくその機能を発揮すると期待でき、使用し得ると通常考えられる残存の期間をいう。			
6	調査結果の取扱いに当たっての主な留意点	● 本価格調査は、調査条件の設定や調査手順等を一部省略のうえ実施しており、本価格調査書は、価格調査の基本的事項及び手順のすべてについて不動産鑑定評価基準に則った鑑定評価書ではありません。そのため、不動産鑑定評価基準に則った鑑定評価を行った場合には結果が異なる可能性があります。 ● 本価格報告書は、「住宅ファイル」の構成資料の一つとして作成しており、住宅ファイル以外の目的で利用・開示・提出等をすることはできません。 ● 本価格調査は、D面「価格等調査の条件」を前提としています。 ● C面「調査結果の取扱いに当たってのその他留意点」も併せてご確認ください。					

Ⅱ．対象不動産

後記「○○」のとおりで、住所・建築年月・調査上採用した数量（土地：地積、建物：床面積）は次のとおり。

土地	所在及び地番	地積（登記簿）	建物	床面積（登記簿）	建築年月
	○○県○○市○○町	合計　0.00㎡		合計　0.00㎡	

なお、本価格…「重要事項説明書」「既存住宅…

Ⅴ．価格調査の概要（決定過程等はB面「調査価格決定の根拠（計算・分析等の明細）」参照）

1	土地	① 地域の標準価格	0円/㎡	B面　1.(1) 参照
		② 個別的要因格差修正率	0.0%	B面　1.(2) 参照
		③ 土地価格	0円	①×②×数量　端数整理
2	建物	① 再調達原価	0円	C面　2.(3) ②e. 参照　（　0,00円/㎡　）
		② 減価修正（額）	0円	C面　2.(3) ②h. 参照
		③ 建物価格	0円	①−②　端数整理
3	調査価格	① 土地建物総額	0円	※1③＋2③
		② 土地建物一体による減価修正	0%	C面　3. 参照
		③ 調査価格	0円	※①×②　端数整理

一般社団法人 JBN

(全国工務店協会)

「中古住宅市場活性化について」
<JBN（全国工務店協会）の取組み>

自由民主党　中古住宅市場活性化小委員会

2015年3月11日

一般社団法人JBN（全国工務店協会）

会長　　青木　宏之

会員

- 一般社団法人JBN（全国工務店協会）設立　2008年8月　工務店による工務店の為の全国組織　長期優良住宅建設支援
- 2009年より長期優良住宅先導モデル事業エントリー　500戸×3年　採択され、全て国産材で建設。支援のために講習会を開催
- 会員　全国47都道府県にて2,700社　連携団体85団体　2015年3月
- 新築住宅12.3戸／1社、リフォーム68.1件／1社　（2014年1月）
- 年間約32,000の新築と18万件のリフォーム
- 管理OB施主　1社平均350戸　約100万戸OBストック
- 建設業許可免許取得100％（入会5年以内取得義務）
- 宅建業許可免許取得40％
- 社員数10人未満80％（中規模地域工務店）
- 耐震リフォーム経験会員40.3％　【建築防災協会診断員1,500名】
- 省エネリフォーム経験会員29.6％
- 国土交通省　断熱施工技術者講習会　JBN2万人講習済／全国6万人

JBN（全国工務店協会）の取組み

- 良い材料＋良い仕事での時代は終わり、
  設計＋ソフトサービス＋性能の時代へ
- 40年前から他産業の進出、リフォームも最近他産業からの進出がある。

地域工務店各社　⇒　主役を取り戻す。

全て新しいビジネスと考えて取り組む　住宅は"いえかるて"にて保存（エビデンス）

1. 新築住宅を作る（新省エネ義務化）在来を武器に（大工育成）
   長期優良住宅が建てられる　⇒　<u>メーカーは標準</u>、一般工務店は10％以下　⇒　JBNは実績50％
   中古マーケットへ

2. リフォーム工事をする──国産材＋大工（マンション内装も視野）増築→改築
   <u>水廻り、内外装</u>＋<u>性能向上リフォーム</u>（長期優良住宅リフォーム）ができる補助事業
   消費者に、住宅を資産にする投資をしてもらう

3. 中古住宅をリフォームして売る・貸す（改修＋中古流通）
   ＪＢＮの40％は宅建業
   流通ビジネス──流通・性能リフォーム・評価（ビジネスチャンス）（大工がいる強み）

4. 維持管理事業 ⇒ 将来はビジネスとして確立　JBNは100万戸のOB施主を管理

    アフターサービスから事業へ（家守り）――いえかるて

    ⇒　JBN型インスペクションガイドライン　JBNインスペクターによる検査済みシール

5.　大型木造建築物、公共建築物等を建設　⇒　法律である・P.C.業界と組む

    公共施設、病院、老人ホーム、幼稚園等　⇒　低層事務所等
    JBNオープン工法開発
    　　　　トラス10Mスパン

本当の意味での全国工務店の業界はなかった

① 災害時仮設・復興住宅建設　⇒　大型木造建設（大型木造WG）

（一社）全国木造建設事業協会
[JBN　　　総連
  ビルダー ＋ ユニオン
  2,700社　　65万人]
各県災害協定（労働者供給事業）
国内最大の施工団体

② 人材を育成する（JBNは大工育成を宣言）　⇒　指導者のいる最後のチャンス

    工務店投資＋国の支援＋業界の支援　⇒　社会資本

訓練校・技術者――ニーズ有

    新規参入はほとんどいない現状、正社員化で厚生労働省に認められた労働就業規則　→お金がない

    本人の将来に希望がもて、親が安心して預けられるシステムを作る。

③ 工務店に必要な研究開発——工務店が使える ⇒ 使えない研究はいらない
　　手刻み：長期、外壁板：国産材エコP、省令準耐：保険料、バリアフリー：省エネ・補助金にて開発
　　中規模建築——トラス梁、防耐火

④ 次世代実務者に自信を持たせる——必要な業界　家づくりの中心——継続
　　地域へ貢献（元請として元気に）

⑤ 地域工務店の全国組織として国県への協力と要望　→　関連団体と業界活動
　　消費者の為＋業界の為、施策のヒアリング先——工務店の意見 ⇒ 実務者の生の声、国交省・林野庁・環境省支援

JBN と公職

1．各種公的財団理事・評議員
◎（公財）日本住宅木材技術センター　評議員
◎（一財）ベターリビング（BL）　評議員・優良部品監査委員
◎（一社）住宅履歴情報蓄積活用協議会　副会長（代表理事）
◎（一財）建築環境・省エネルギー機構（IBEC）評議員
◎（一社）リフォーム・評価ナビセンター　監視委員
◎（公財）日本合板検査会　評議員
◎（一社）木を活かす建築推進協議会（木活協）理事
◎（一社）レジリエンスジャパン推進協議会　監事

◎暮らし創造研究会　委員

2．国交省（窓口は、住宅局住宅生産課木造住宅振興室）
◎既存住宅のリフォームによる性能向上長期優良化に係る検討会
　（住宅生産課）
◎中古住宅市場活性化ラウンドテーブル
◎個人住宅の賃貸流通の促進に関する検討会
◎スマート＆ウェルネス研究開発委員会＋委員（国交省・経産省・厚労省）
○（一社）日本サスティナブル建築協会「ＣＡＳＢＥＥ研究開発　住まい検討小委員会」
○スマート＆ウェルネス研究開発委員会ＷＧ　委員
○中古住宅ラウンドテーブルＷＧ

3．林野庁（窓口は木材産業課）
○自民党農水部会で国産材・大型木造・耐震への取り組みを説明
○住宅関係合法木材普及推進専門委員会（全木連）
○林政審議会委員

4．環境省
◎委員会　住宅建築物 WG
○うちエコ診断（補助事業）：（低酸素ライフスタイルに向けた診断促進事業）

5．（一社）木を活かす建築推進協議会（木活協）理事

6．全国協議会　会長――47都道府県地域協議会
◎強化部会・部会長　24団体
○全国木造住宅生産体制推進協議会「省エネ講習研修資料作成ＷＧ」
（一社）全国木造建設協会【全木協】　理事長（総会・運営委員会等全建総連と連携）
○復興住宅建設事業

7．その他の公職
○（一社）ベターリビング「リフォーム業務品質審査登録諮問委員会」
○（一社）住宅リフォーム推進協議会「技術情報委員会」「広報・研修委員会：テキストWG」「環境整備委員会制度WG」
○（一社）経済調査会「リフォーム編編集委員会」
○（公財）住宅リフォーム紛争処理支援センター「増改築相談員WG」
○（一社）住宅生産団体連合会「温暖化対策分科会」オブザーバー参加
○日本ガス体エネルギー普及促進協議会「運営会議委員」
○（一社）住宅生産団体連合会「住宅産業の自主的環境行動計画第4版 改訂ＷＧ」オブザーバー参加

大工就業者の推移

20年間で大工不足を支えた要因
1. 60歳以上の元気な大工
2. PC率90%(手刻加工の減少)
3. 建方の合理化(重機)
4. 材料の乾燥(軽量化)
5. 電動工具の改良・普及

プレカット本格的にスタート 90%

大工就業者の推移	1970年	1975年	1980年	1985年	1990年	1995年	2000年	2005年	2010年	2015年	2020年
総数(15歳以上年齢)	852,745	868,450	936,703	805,789	734,087	761,822	646,767	539,868	402,120	284,000	200,000
85歳以上	50	30	45	23	32	106	174	103	130	400	530
80~84歳	185	190	197	236	417	527	361	368	1,130	1,500	1,300
75~79歳	1,280	1,275	1,446	1,900	1,927	1,820	1,848	3,499	4,670	4,000	2,700
70~74歳	6,315	5,150	9,523	6,782	4,349	6,971	11,415	17,508	12,990	10,000	12,400
65~69歳	15,140	24,025	24,083	11,699	14,667	39,113	46,518	35,595	29,730	34,000	39,000
60~64歳	41,475	40,000	26,804	25,210	56,435	90,057	63,133	58,001	65,140	53,000	26,500
55~59歳	52,670	33,200	40,566	74,797	105,587	86,197	77,329	89,068	72,310	36,000	20,000
50~54歳	37,205	40,800	93,506	125,537	89,420	89,081	101,474	90,646	44,780	25,000	21,000
45~49歳	43,040	90,870	145,060	100,119	86,221	113,268	99,196	53,497	29,690	25,000	21,000
40~44歳	93,445	138,550	111,710	96,307	111,107	108,103	58,574	35,740	29,950	34,000	26,000
35~39歳	142,425	103,665	106,870	121,428	107,119	64,338	39,574	37,003	41,540	32,000	12,000
30~34歳	105,695	101,025	135,041	117,112	62,917	45,146	41,645	48,107	36,170	19,000	8,000
25~29歳	99,560	126,465	130,770	68,768	42,416	44,444	52,300	40,855	21,590	9,000	3,500
20~24歳	119,695	117,005	78,329	41,991	34,816	53,207	41,952	24,596	10,150	4,000	4,000
15~19歳	94,565	45,595	32,754	13,880	16,657	19,444	11,274	5,282	2,150	2,000	2,000
30代前半時点の定着率 [30~34歳]/[20~24歳]	1970人職者	113%	100%	80%	108%	120%	90%	86%	200%		
在来木造着工数	978,000戸	923,000戸	685,970戸	545,620戸	621,614戸	557,183戸	440,146戸	426,760戸	330,000戸	300,000戸	250,000戸
大工1人当たりの戸数	1.40	1.23	0.81	0.73	0.97	0.76	0.76	0.83	0.87	1.12	1.38

一般社団法人

住宅履歴情報蓄積・活用推進協議会

①

住宅履歴情報（いえかるて）の現況と今後の取り組み課題について

　　　　　一般社団法人　住宅履歴情報蓄積・活用推進協議会

一般社団法人 住宅履歴情報蓄積・活用推進協議会の概要

平成22年5月　住宅履歴情報サービス機関の管理団体として発足
＜発足の経緯＞

- 平成19年　自民党「200年住宅ビジョン」の12政策提言（提言2「家歴書の整備」）が行われる
- 平成19～21年　国土交通省住宅履歴整備検討委員会＜野城委員長＞が設置される
  ストック住宅市場における、住宅履歴情報の蓄積・活用のあり方や情報項目、情報サービス機関等に関する「住宅履歴情報の蓄積・活用の指針」のとりまとめを行う
- 平成22年5月　その実現、普及の為、住宅履歴情報を行う専門サービス機関の集まりである「住宅履歴情報蓄積・活用推進協議会」が設立・発足。

正会員数：情報サービス機関　58団体（平成27年1月現在）
（瑕疵保険法人5社、社団・NPO10団体、民間26社、ハウスメーカー12社）
※住宅履歴取引建築事業者数　総計　約1.5万社

賛助会員：10団体（日本木造住宅産業協会、ツーバイフォー協会、リフォーム産業協会、他）

情報会員：7行政団体（北海道、東京都、大阪府、兵庫県、長野県、他）

住宅履歴情報蓄積・活用推進協議会の「目的」と「役割」

協議会の目的

1）住宅履歴情報を行う専門サービス機関の集まりである協議会の活動を通じ、ストック住宅市場における住宅の適切な維持管理の標準（デファクトスタンダード）となりうる共通の仕組みづくりを目指す
2）住宅をつくる時代から、守り育てる時代・つなぐ時代の実現に向けて、情報活用による既存住宅の流通向上と住宅の社会的資産の価値向上の実現に寄与し、国民のゆたかな住生活の実現に貢献していく

協議会の役割

1）住宅履歴情報サービスの基本指針・共通ルールの策定 （個人情報保護・適正な情報管理）
2）住宅履歴情報の蓄積・活用の普及・啓発 ／ 住宅履歴情報の活用による活用ビジネスモデルの創出
3）住宅共通ID配布と発行（全国で唯一の住宅標準識別番号の発行）
⇒住宅共通IDとは、情報サービス機関が、住宅履歴情報を蓄

積する際に、1戸の住宅に1個発行される、全国で唯一の ID・ucode を用いた、32桁16進法の番号（住宅ID番号の承継）

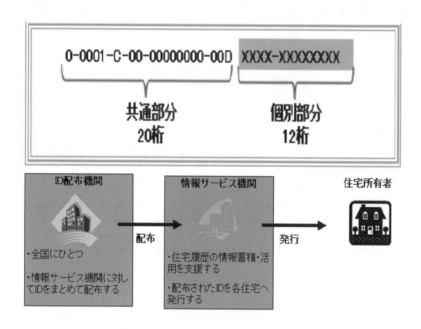

住宅履歴情報蓄積・活用推進協議会の「主な取り組み活動」と「活動実績」

住宅履歴情報登録蓄積数　累計　300万棟（平成27年1月現在）
　　　　　　　　　　　（内　住宅共通ID配布数　5万個）

近年の主な取り組み活動
　住宅履歴蓄積数の増加に伴い、住宅ストック市場における履歴情報の活用の検討に着手する

1）H 24 年度　活用性の高い『住宅履歴情報の標準化項目』の検討WG
2）H 25 年度『住宅維持管理・履歴活用における情報活用者別・全国調査の実施』
　7 業種・分野 34 団体（<u>地方行政・自治体</u>、<u>不動産団体</u>、建築事業者、<u>国交省土地産業局</u>、消防庁他）
3）H 26 年度『不動産情報ストックシステムとのICT連携検討事業』に着手
　・ストック住宅の流通活性化の活用に着目し、不動産事業者、土地産業局との不動産システム改訂ICT情報連携を開始
　・H27 年度に横浜市で「不動産情報ストックシステム」による住宅流通の実証試験に協力
　26 年度着手テーマ：住宅履歴情報外部連携時の個人情報取り扱い基準
　　　　　　　　　：<u>ストック住宅用住宅履歴情報標準化</u>
　　　　　　　　　：<u>集合住宅用住宅履歴情報標準化検討・住宅履歴情報流通スキーム案検討</u>

住宅履歴情報蓄積・活用推進協議会
中古住宅市場の活性化における
住宅履歴の役割と活用可能性についての検討事例（参考ご提示１）

住宅履歴情報の役割（中古住宅価値のエビデンス情報）
● 住宅基本情報（建築図面、住宅性能、インスペクション他）
● 維持管理情報（維持管理履歴、リフォーム工事他）

↓
- 取引の透明性、効率性、住宅の質に対する不安の解消
- 中古住宅の適正評価の評価情報
- 告知書における公正な情報提供

中古流通における住宅履歴情報の承継による良質なストック住宅の循環利用

売主	→	買主	→	売主	→	買主
(住宅履歴情報)		(住宅履歴情報) 情報の承継		(住宅履歴情報) 情報の承継		(住宅履歴情報) 情報の承継

【中古住宅流通における住宅履歴標準化項目の活用】

① 買い手〈消費者〉に対し、不足している中古住宅基本情報の充足提供する
　　→建物基本情報（住宅共通ID、建物・建築計画概要）
　　→付属情報（建物付属図面、主たる設備）
② 分散している各種住宅履歴性能情報の集約一元化し"良質な住宅の見える化"情報を提供する
　　→住宅建物性能情報の見える化⇨中古住宅の安全・安心、良質の普及促進
　　→建物維持管理状況の見える化⇨良質住宅の維持の促進
③ 社会にとって：・住宅の価値の見える化
　　　　　　　　・統計データの入手
④ その他：共通IDを用いた他システムとの特定・情報連携

【標準化情報項目（共通フェースシート）の基本構成】（情報項目は別表）

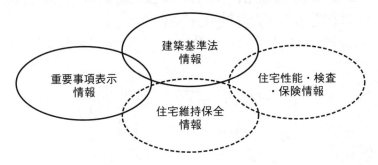

住宅履歴情報蓄積・活用推進協議会
中古住宅市場の活性化における
住宅履歴の役割と活用可能性についての検討事例（参考ご提示2）

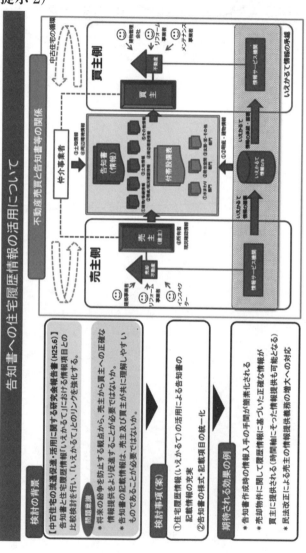

住宅履歴情報蓄積・活用推進協議会
中古住宅市場の活性化における
住宅履歴の役割と活用可能性についての検討事例（参考ご提示3）

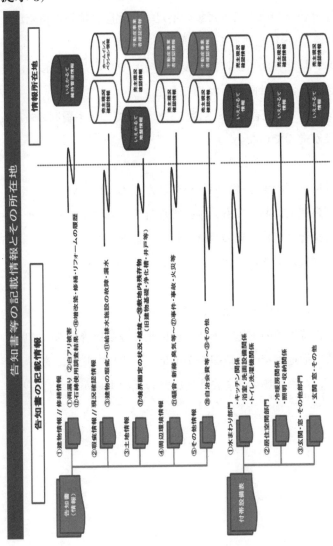

住宅履歴情報蓄積・活用推進協議会
住宅履歴情報の現状課題について

住宅履歴情報の現状課題（住宅履歴普及・浸透の状況）

1）住宅履歴情報の取り組み対象の不足（住宅履歴情報蓄積総数300万棟　（内住宅共通ＩＤ配布数　5万個）

　　従来、戸建住宅（主に長期優良住宅）を中心対象として、普及・啓発、浸透計画が行われてきた

　→結果として、既存住宅・集合住宅についての住宅履歴の対応・普及が進んでいない

2）住宅維持管理の実施・情報登録・管理が進んでいない

　　長期優良住宅においても、維持管理計画の基づく実施状況・並びに維持管理点検情報の登録が状況が把握しきれていない。(25年度協議会による自治体27団体調査で　不明95％)

　　全国自治体、住宅政策において
　　適切な維持管理の実施、維持管理情報の登録保管管理（履歴トレース）推進対策への取組みが不足（不明）の状況にある
　　（住宅所有者・建築事業者に住宅維持管理の実施がゆだねられている）

住宅履歴情報登録対象の整理・試算（対象ターゲットの拾い出しと履歴背景の事項の列挙）

	年間新築内訳			関連背景事項	抜本的・普及施策（検討事項例）
A対象 検討	新築住宅 80万戸	一戸建て住宅 45万戸	長期優良住宅 10万戸 22% 一般住宅 35万戸 78%	関連法律事項 住宅履歴の30年保管 関連法律事項 建築士法・建設業法による「設計図書の保存義務」15年	1、一般住宅の住宅履歴の法制化（義務化） 戸建て 35万戸 集合住宅 34万戸増の蓄積 1.2→耐震化等、強制化施策における履歴の保存要件化 ○○戸増 2.履歴登録費用のコストダウン、インセンティブモデル提案 1.2→コストダウン策の実施、 1.3→インセンティブ他 普及先導的ビジネスモデルの提案（サービンティブ他 普及先導的ビジネスモデルの提案（サービスとの新事業推進 3.集合住宅 管理会社のいえかるて文化普及推進
		集合住宅 35万戸	長期優良住宅 0.5万戸 1.5% 一般住宅 34.5万戸 98%	関連法律事項 住宅履歴の30年保管 関連法律事項 建築士法・建設業法による「設計図書の保存義務」15年 他 消防法等/管理会社が保管	
B対象 検討	リフォーム 年間8.5兆円	既存長期優良 一般リフォーム	10%弱 90%	関連法律 500万円以上は建設業法対象。その他はバラバラ無し	1．500万円弱工事は住宅履歴の法制化が必要 2．その他はサービンとの新たな普及モデルが必要（サービンとの新事業連携）
C対象 検討	既築住宅 推定4000万戸	一戸建て住宅	推定2000万戸	建築士法・建設業法による「設計図書の保存義務」15年等、一部が対象となる／管理会社が保管	1．集合住宅、管理会社のいえかるてモデル検証推進 インセンティブ（供給側）一部の事業促進 2．推進モデル地区の選定、インセンティブ実証採用 3．検証（モデル地域指定地域事業実施、検証）
		集合住宅	推定2000万戸	建築士法・建設業法による「設計図書の保存義務」15年等、一部が対象となる／管理会社が一部保管	

住宅履歴情報蓄積・活用推進協議会
住宅履歴情報への今後の取り組み・対応

今後の取り組み・対応

1）既存住宅・集合住宅への住宅履歴情報の普及・啓発
- →26年度履歴協議会活動において既存住宅及び集合住宅の住宅履歴標準化項目を検討・設定する
- →インスペクション事業者との連携により、既存住宅情報の登録を推進する
- →既存長期優良リフォーム事業の建築事業者への普及啓発・教育を推進する
- →履歴協議会内に「住宅履歴相談窓口」を設置、消費者、他団体とも連携告知する
- →マンション事業者の住宅履歴推進協議会への会員化を推進する
- →その他、消費者サービス事業者団体との連携を広め、リフォーム履歴の登録を推進する

2）維持管理情報の登録推進の普及
- →27年度住宅履歴推進協議会活動テーマとして、住宅維持管理（契約）制度、広く関係諸団体と検討を進めたい

住宅ストック市場における「履歴活用の住生活ビジネス・モデル育成」検討に着手

一般社団法人
住宅履歴情報蓄積・活用推進協議会

②

平成25年度　住宅・建物の先導的計画技術の開発及び技術基盤の強化に関する事業
住宅履歴情報の標準化とICT活用による良質な住宅ストックの普及・流通活性化の基盤整備調査・検討事業報告書
〈抜粋資料〉

平成26年3月
一般社団法人　住宅履歴情報蓄積・活用推進協議会

事業の目的・必要性

　良質なストック住宅流通市場の活性化や、的確なメンテナンス・リフォームの実施による住宅の長寿命化を実現させるための課題として、"住宅性能等情報、維持保全の顕在化（見える化）"、"消費者と事業者、あるいは事業者間での情報の非対称性"があげられる。
　他方で、平成22年より認定を受けた長期優良住宅には、住宅履歴情報が蓄積されており、その活用による上記課題の解決が期待されている。長期優良住宅に関しては、認定制度開始からの認定数が、平成25年4月時点で37万戸を超え、今後はストック住宅の長期優良認定など、ますます増加することが予想される。認定を受けた長期優良住宅における維持管理計画の実施状況のトレースも今後の重要な課題となる。
　これら課題を解決するために、「住宅履歴情報の標準化とICT活用による良質な住宅ストックの普及・流通活性化の基盤整備調査・検討事業」を実施する。当該事業では、①多様な主体で活用性の高

い住宅履歴情報の標準項目の検討、②住宅履歴情報を多様な主体間にて流通・活用するための ICT インフラの試作および運用のフィジビリティ・スタディの実施、③個人情報保護など住宅履歴情報流通時の課題の検討、④住宅履歴情報を活用した長期優良住宅のトレースの検討を実施し、住宅履歴情報を用いた住宅の性能及び価値の顕在化により以下の住宅政策の実行支援・市場環境・技術基盤を整備するものである。

1）住宅ストック市場における良質な住宅ストックの供給・流通活性化と市場拡大
2）住宅履歴情報の多業種との連携・共有化により住宅履歴市場の普及・拡大を推進する
3）住宅履歴情報管理の品質向上・コンプライアンスを向上させる
4）長期優良住宅の維持管理の実態を把握する

1．検討の概要

1.1．検討の概要

本事業は、住宅履歴情報活用方策の課題・提案をまとめるために、以下の検討1から検討4を実施し、それぞれの検討から得られた結果を検討5としてまとめる。

検討1：活用性の高い住宅履歴情報の標準化項目の検討

良質な住宅の情報ストックの顕在化と活用を基本的課題として
① 消費者のために収集・整備するべき情報項目
② 事業者側から見た収集・整備するべき情報項目

を要件として不動産事業者やリフォーム事業者、行政、自治体、研究機関・有識者、消費者などに対して、ヒアリング・アンケート調査などを広く実施することにより、住宅の性能及び価値の顕在化にむけて、活用性の高い住宅履歴情報の標準情報項目および、流通性の高い情報形式などを検討する。

本検討においては、ヒアリング・アンケート調査に加え、協力団体との定期的な情報交換会を設けることで、将来的な連携・協働にむけた関係強化も実施する。

住宅ストック政策の長期優良住宅のトレーサビリティに関し、自治体を中心としたヒアリング調査を行い、同住宅における住宅維持保全管理の実態を調査する。

検討2：住宅履歴情報流通共通管理システムの試作および試行的実装

多様な関係者間で情報を共有するためのICTインフラとして住宅履歴情報流通共通管理システムの検討を行う。システムの機能要件に加え、運用スキームやオペレーションの検討を、より具体的に実施するためシステムの試作を行い、当協議会の会員が住宅履歴情報を蓄積している住宅を対象に標準化された住宅履歴情報の収集の試行を実施する。

検討3：住宅履歴情報流通共通管理システム試作版による情報分析とシステム活用提案

検討2において、住宅履歴情報流通共通管理システムの試作版に登録された住宅履歴情報フェイスシートのデータベースを用いて、現在の住宅履歴情報サービス機関の情報蓄積状況を把握、これらを

築年別に情報の蓄積度合いを集計することで、長期優良住宅の蓄積情報の特徴を把握する。またフェイスシートの情報項目やシステム機能についてその妥当性を評価する。更に、長期優良住宅のトレーサビリティに係る社会的課題や不動産流通における課題を整理し、住宅履歴情報流通共通管理システムを活用した解決策を提案する。

検討4：住宅履歴情報流通時の課題検討
　住宅履歴情報には重要な個人情報が含まれているが、これらの蓄積情報を包括的に活用するシーンは多種多様と想定される。よって今回は住宅流通のシーンに絞り、情報公開レベルと個人情報との関係の整理、情報開示に関する消費者との確認タイミング等の課題について検討を実施する。

検討5：結果のとりまとめ
　当該事業により得られる成果を以下にとりまとめる。
● 良質なストック住宅の顕在化、流通活性化に資する住宅履歴情報の標準項目
● 住宅履歴情報流通共通システムの運用版にむけた要件定義
● 住宅履歴情報流通共通管理システム活用提案
● 住宅履歴情報流通における課題

6．全体活動のまとめ・今後の取り組み

6.1．情報活用者へのヒアリング調査・意見交換の実施概要
　本調査事業において、情報活用者を業種別・分野別に7種カテゴリー分けを行い34団体・113名の方に「住宅履歴情報の標準化と

●調査カテゴリー①「行政・自治体」(17都道府県、8都市合計25団体)
県別長期優良住宅供給戸数を参考にヒアリング対象の選定を行った。
網掛け部分が対象。

・都道府県別長期優良住宅認定実績数(累計)

	県名	累計戸数
1	愛知県	43,651
2	東京都	29,511
3	神奈川県	25,730
4	埼玉県	24,875
5	静岡県	21,603
6	千葉県	20,974
7	兵庫県	19,508
8	大阪府	17,601
9	福岡県	16,700
10	茨城県	13,079
11	岡山県	9,628
12	三重県	9,358
13	宮城県	9,138
14	栃木県	9,046
15	岐阜県	8,544
16	北海道	7,992
17	群馬県	7,469
18	広島県	7,323
19	京都府	7,231
20	滋賀県	7,080
21	長野県	6,706
22	福島県	6,617
23	山口県	6,460
24	奈良県	5,825
25	新潟県	5,586
26	愛媛県	4,379
27	和歌山県	4,046
28	熊本県	3,965
29	香川県	3,847
30	山梨県	3,486
31	大分県	3,322
32	長崎県	3,257
33	鹿児島県	2,955
34	佐賀県	2,777
35	岩手県	2,547
36	石川県	2,531
37	山形県	2,394
38	宮崎県	2,326
39	富山県	2,090
40	徳島県	2,035
41	高知県	1,944
42	青森県	1,764
43	秋田県	1,757
44	福井県	1,709
45	鳥取県	1,268
46	島根県	873
47	沖縄県	444
	合計	402,951

(平成25年度10月現在)

●調査カテゴリー②「不動産関連団体」(4団体)

No.	団体名
1	公益社団法人 全日本不動産協会 事務局
2	公益社団法人 全国宅地建物取引業協会連合会
3	公益財団法人 東日本不動産流通機構
4	公益財団法人 マンション管理センター

●調査カテゴリー③「建築事業者等」(20社)

No.	団体名
1	地域住宅ブランド化採択事業者(工務店)

●調査カテゴリー④「消費者団体」(1団体)

No.	団体名
1	NPO 東京都地域婦人団体連盟

●調査カテゴリー⑤「防災関係(消防庁)」(1団体)

No.	団体名
1	東京消防庁 防災部 防災安全課

●調査カテゴリー⑥「国土交通省 土地・建設産業局 不動産業課」

No.	団体名
1	国土交通省 土地・建設産業局 不動産業課

●調査カテゴリー⑦「不動産に係る情報ストックシステム検討WG」

No.	団体名
1	不動産に係る情報ストックシステム検討WG

ICT活用による良質な住宅ストックの普及・流通活性化」等に関し、総計44.6時間のヒアリング調査と意見交換を実施した。

6．2．良質なストック住宅の普及と長期優良住宅の維持保全について

　ヒアリング調査を行った自治体では、住生活基本計画を基本とした中期計画・目標を設定し、安全対策を主に耐震・ストック化の政策を打ち出している。また、高齢化現象を踏まえた空き家が増加しており、施策として空き家バンクへの登録・空き家対策に力をいれていることが目立ってきており住宅履歴情報の連携活用の要望も見られた。

　他方、良質なストック住宅の旗頭であり制度開始いらい順調に累積増加していく長期優良住宅において、維持管理計画の実施指導・トレース管理・施策については、92%の自治体で未着手・未計画であった。別調査の建築事業者アンケートにおいても、維持管理の実施と保全の住宅履歴登録は85%の事業者が実施しておらず消費者にも伝えられていない事実がみられた。

　良質なストック住宅の普及・スタンダード化において「優良性能」を持し、「維持保全を行い」、「記録を集積・蓄積」していく基本ルールの遵守と指導、具体的なトレースの仕組みつくりが、長期優良住宅開始5年目の行政・事業者・消費者の現実のあらためての課題と指摘される。

6．3．住宅履歴情報の標準化項目（共通フェイスシート）の選定と住宅ストックへの流通活用について

　活用性の高い住宅履歴情報の標準化項目の検討においては、住宅

の性能及び価値の顕在化、流通性の高い情報形式を基本とした「共通フェイスシート案（住宅履歴情報標準項目62項目）」につき7分野34団体の情報活用事業者に意見をもとめ、9割の皆様から賛意・有用性・流通活用可能性の高い評価を得た。特に「住宅履歴情報標準化項目（共通フェイスシート）案」は、国土交通省不動産業課主催の有識者・不動産団体委員で構成される「25年度　不動産業に係る情報ストックシステム検討WG」においても、ストック住宅流通拡大への有用性が検討され、不動産流通活性化システム開発計画事業の相互連携協力（案）の提示を受ける事となり26年度以降、「住宅履歴情報標準化項目（共通フェイスシート）」の実活用の検討展開に至った。

　以降は、本標準化情報と共通フェイスシートのICT連携活用にもとづき、ストック住宅流通における住宅購買者・購入者の利益保護、良質ストック住宅の供給・流通活性化と市場拡大に向上施策を一歩進めるものである。以降は関連団体・省庁・各種WGとの情報交換会等を設けストック市場の流通活性化における将来的な住宅履歴情報活用の連携・協働を模索したい。

　他方、本年度検討選定した標準化項目案は、一戸建て住宅の情報を主にデザインしたものであり、住宅ストック流通におけるマンション情報については未着手となった。マンション・既存住宅についても今後の検討が必要といえる。

6.4.（今後の取り組み）：いえかるて情報の外部連携活用の開始について

6.4.1. 不動産流通・ストック情報システムとの連携

　国土交通省不動産業課による26年度以降、不動産流通活性化シ

ステム開発計画事業の相互連携協力（案）の提示を受け、本年度調査事業である「住宅履歴情報標準化項目（共通フェイスシート）」及び「住宅履歴情報流通共通管理システムの試作」をブラッシュアップしICT活用によるレインズシステム情報システム他との住宅履歴情報システムのリンケージの実活用に取り組んでいきたい。

6.4.2.「住宅履歴情報標準化項目（共通フェイスシートⅡ・Ⅲ）」への取り組み

「住宅履歴情報標準化項目（共通フェイスシート）」においては現状レインズシステムにおけるストック住宅の流通実績において、マンション流通が70%を占めており、「マンション情報の標準化項目（共通フェイスシートⅡ）」、維持管理・ホームインスペクションを中心とした「既存住宅（リフォーム）の標準化項目（共通フェイスシートⅢ）」の検討・デザインに取り組み、不動産流通活性化における住宅履歴情報の実行効果の向上を図りたい。

6.4.3. 住宅所有者保護のための個人情報・取扱いのあり方整備

今後の住宅履歴情報活用具体な場面の発生において、個人情報の保護とともに情報のリアルタイムな流通を考慮した法的な適用関係の整理、手続きなどの具体的な方法、責任の所在等についての検討・取扱いのあり方についてを整備を進めたい。

以上

２．活用性の高い住宅履歴情報の標準化項目の検討

2.1.「住宅履歴情報の標準化項目」の調査・検討・検証の方向性について

　２．１．１．「活用性の高い住宅履歴情報の標準化項目」の収集、抽出調査の方向性

- 良質なストック住宅の顕在化と流通活性化に資する「維持保全情報を含む住宅履歴情報の標準化」を基本的課題として、行政、自治体、不動産事業者や建築事業者などに、意見調査を行い「活用性の高い住宅履歴情報の標準化項目」を抽出・検討する。
- 具体的には、平成24年度に当協議会にて検討・設計した「住宅履歴情報標準化項目（共通フェイスシート）」案をベースに情報活用者にヒアリング調査・意見交換を実施し、より活用性の高い住宅履歴情報の標準項目を検証・選定する。
- その他本調査事業においては、関連団体・省庁・各種WGとの情報交換会を設け、ストック市場の流通活性化における将来的な住宅履歴情報活用の連携・協働を模索する。
- また自治体ヒアリング調査では、長期優良住宅における住宅維持管理のトレーサビリティに関する取り組み・実態を調査する。

　２．１．２．「調査対象事業者のカテゴリー分類」と調査目標の設定

　２．１．１．「活用性の高い住宅履歴情報の標準化項目」調査の方向性に基づき、情報活用事業者を分野別・業種別にカテゴリー分類し、対象者を抽出、各調査票等により幅広い分野の意見を抽出・検討する。

表 2-1 調査対象カテゴリー

No.	(分野・業種)	調査数	スクリプト作成
1	行政・自治体 (建築・都市整備課等)	25団体	ヒアリング調査
2	不動産関連団体 (主要団体)	4団体	ヒアリング調査
3	建築事業者等 (地域工務店：地域住宅ブランド化採択事業者)	20社	個別アンケート
4	消費者団体	1団体	ヒアリング調査
5	防災関係 (消防庁)	1団体	ヒアリング調査
6	国土交通省 土地・建設産業局 不動産業課	―	意見交換
7	不動産に係る情報ストックシステム検討WG	―	WG参画

調査カテゴリー①「行政・自治体」

2.3.1. 調査カテゴリー① 行政・自治体調査まとめ

● 自治体の中期住宅政策について

　どの自治体も住生活基本計画を基本とした中期計画・目標を設定し、安全対策を主に耐震・ストック化の政策を打ち出している。また、高齢化現象を踏まえた空き家が増加しており、施策として空き家バンクへの登録などの空き家対策に力をいれていることが目立ってきている。

　他方聞き取り調査により、自治体における各種中期住宅政策・目標設定はなされているものの自治体内市政への目標値のブレークダウンがされている自治体はごくわずかでしかない事実も明らかに指摘されている。

　関西三県では、政策の連携普及・情報交換が実施されており、普及コストの削減・ノウハウの共有が進められている点が指摘されている。阪神淡路大震災を機に連携活動がはじめられたとの事であり、主要担当者は、東日本大震災を受けた東北地区でも近隣各県・自治体がこのような協力関係を作ることを提唱・推奨していた。

● 良質な住宅供給制度への取り組み長期優良住宅の維持保全について

　長期優良住宅の推進は全国で一様に対応しているが、維持管理のトレース、住宅履歴情報の蓄積については1～2の自治体を除き、92%の自治体で未着手・未計画が実態である。

　特筆すべきは、良質ストック住宅の要といわれる制度開始以来40万戸の供給実績があり、5年を迎える長期優良住宅の維持保全のトレーサビリティの管理指導は全ての自治体において未着手・対策未定である実態が明らかとなった。

　本実態は「長期優良住宅の普及の促進に関する法律」条項に違反の要素を持つとともに良質なストック住宅の形成に事実上、大きなブレーキを科すものである。累積増加していく長期優良住宅の維持保全管理に対し、長期優良住宅認定を行っている国・自治体として早急に対策・対処が必要と思われる。

● 住宅履歴情報の標準化（共通フェイスシート）、活用の可能性等について

　住宅履歴の標準化項目については、建物価値の見直し評価と並列して、ストック住宅流通の活性化において住宅購買者・購入者の利益保護、資産価値の評価に役に立つものであると9割の自治体ご担当より有用であると推進賛同・応援の意見を頂いた。また、ストック市場の流通拡大に伴い、住み継ぎ・長期資産管理するための住宅管理番号（住宅共通ID）が現状は欠如しており、住宅履歴情報とともに、住宅共通IDの必要性・義務化を推進すべき等の積極的意見もあった。

　他方、自治体における住宅履歴情報のマクロ的な活用の可能性等

については、具体的な意見・アイデア・宿題はほとんど抽出されなかった。普及の深度と母数に関与するものと思われる。

2.3.2. 調査カテゴリー②「不動産関連団体ヒアリング調査結果」について

　不動産事業者における調査は以下の主要質問により、不動産事業者主要4団体とのヒアリング調査・意見交換を行った。
- 「住宅履歴活用に対しての団体としての活動について」
- 「団体における住宅履歴情報の認知について」
- 「住宅履歴情報の必要性及び可能性について」

〈不動産関連事業者ヒアリング調査結果　4団体のまとめ〉
　ストック住宅流通における住宅履歴情報の活用として、本事業試作検討内容を元に不動産関連団体へのヒアリングを行った。
- 住宅履歴についてはまだ不動産事業者には広く周知されていないが、住宅履歴情報の活用に関しては、基本賛成。
- 戸建住宅を中心に、300万戸超の住宅履歴情報が蓄積されていること、それらの情報を流通時に活用できることには高評価を得た。他方で、現状レインズの利用物件の70%はマンション流通が実績となっている。マンションへの対応への期待を大きく感じた。専有部を含むマンションの情報を住宅履歴情報フェイスシートへ追加していく事は、住宅履歴情報の活用拡大にむけて大きな検討課題であると考える。
- レインズなどストック住宅流通時に活用されるシステムの多くは、取引時に仲介事業者の負担にて情報登録されているのが現状で、住宅履歴情報との連携に期待している。

以下、ヒアリング・意見交換状況。

2.3.3. 調査カテゴリー③「建築事業者等」の住宅履歴アンケート調査報告のまとめ

地域型住宅ブランド化事業採択に登録している工務店 20 社に行ったアンケートの回答は以下の通りであった。

【アンケート結果概要】
- 住宅履歴登録事業経験者は 70％ であるが、一般住宅における住宅履歴事業登録者はその内 15％ に満たない。
- また、消費者（施主）に住宅履歴制度の説明をしたことがある建築事業者は 23％
- 維持保全は実施している事業者は 75％ であるが、維持保全履歴登録者は 15％

〈参加者の住宅履歴情報制度に関する認知・理解の推測〉
- 住宅履歴情報（登録）＝長期優良住宅（補助金付き）のみ初期登録
- 住宅履歴情報（登録）≠維持保全履歴登録
- 住宅履歴情報（登録）≠一般住宅
- 住宅履歴情報（登録）≠リフォーム工事

- 少数のアンケートではあったが、
  住宅履歴情報登録制度は、長期優良住宅（補助金付き）のみ初期登録のみ認知で成り立っており、<u>「長期優良住宅」＋「維持保全」＋「住宅履歴」の基本ルールに反した誤解に近い認知で現状進んでいるものと考えられる</u>。先の、行政自治体の維持保全計画に対する実施ト

レース不足の実態も併せ、良質なストック住宅の形成・普及には、維持保全トレース管理システムと建築事業者・消費者への教育普及を早急に充実させる必要がある。
● その他、リフォーム工事でも住宅履歴は使っていいのかといった初歩的な質問もあり、住宅履歴の認知度の低さも感じられた。今後は、住宅履歴によってビジネスが広がっている事例の提供など、より実務的な情報発信が必要であると思われる。

2.3.4. 調査カテゴリー④「消費者団体」の調査結果について
〈地域主婦連のヒアリング・意見交換のまとめ〉
　個人資産の保護とともに、生活面において高齢者・障碍者・女性・子供等の弱者救済に役立てられるよう高い目標をもって住宅履歴情報の活用可能性を検討・進めて欲しいとの要望意見であった。

〈一般消費者における住宅履歴情報・活用への要望意見〉
● 消費者の視点として、住まいの問題や不動産売買等、住宅履歴情報を活用することにより、消費者に役立つ情報にして頂きたい。
● 今後消費者は住宅を購入する際には、災害に耐え得る住宅なのかがポイントになってくる。
● 耐震性や液状化現象、国土強靭化政策に住宅履歴情報をぜひ活用して頂きたい。
● 消費者は、メーカーやブランドというよりは、住宅の性能にこだわりをもっており、住宅の性能評価を明示化するなど住宅履歴情報から的確な情報を取り出せるのは大変良い事です。
● 高齢化現象も進み、高齢者向けリフォームにおける住宅設備情報なども欲しい。

- 電気設備や給排水設備等、明確な情報が蓄積していれば、今後増えるであろう療養用住宅としてリフォームする際に役立つのではないでしょうか。

〈その他要望・意見〉
- 人々の生活を支える情報としての高い目標をもって、住宅履歴の活用を是非進めて欲しいです。
- 住宅履歴として住宅の弱者（高齢者・障碍者・女性・子供）を支える情報として構築していく必要がある。

2.3.5. 調査カテゴリー⑤「防災関係（消防庁）」の調査結果について

〈東京消防庁とのヒアリング・意見交換のまとめ〉
　直接、消費者生活を命と安全を長期に守る団体として、東京消防庁に住宅履歴の活用可能性の調査を行った。住宅履歴情報についての現状認知は無かったが、補足説明により、災害救急活動・防災・事故原因調査において住宅図面等の情報活用の有用・有効性があり、ストック住宅・住宅履歴情報の普及に伴い安全のインフラ情報になる可能性について今後情報共有・意見交換を行っていくこととなった。
　尚、消防庁ではビル・マンション等の住宅建築情報（建築図面等）は消防点検法によりある程度ストック検索できるチャネルを保有している。一戸建て住宅・リフォームストック住宅情報へのチャネルは保有していない。災害対応、消費者の生活・命の安全推進の為、省庁を超え、住宅履歴情報の普及・活用を推進したいとの意見があった。

【消防庁　ヒアリング調査報告】
〈団体における住宅履歴情報の認知について〉
● 住宅履歴情報については、認知されていない。(知らなかった)

〈緊急防災・火災・予防における住宅履歴情報の活用可能性について〉
● 特に住宅図面に関しては、緊急時に大変有益な情報ではある。
● ICT活用が進めば、現場での活用も検討できる。
● 火災出火の原因調査では、住宅図面以外に設備・仕上げ表等、有効に活用できる情報である。
● 全国で300万棟の登録との事だが、東京の住宅履歴情報が増えてくれば、活用できると思う。
● 住宅履歴情報の内容に関して、一番恩恵を受けるのは各市町村だと思う。

〈その他要望・意見〉
● 消火器設置の有無や住宅内の安全に係る情報が組み込むことができれば、活用の可能性が出てくると思う。
● 現在新築が中心ということだが、既存住宅についても、住宅履歴情報が登録されていけば、利用価値が高まっていくのではないか。
● 住宅履歴の活用について今後勉強していきたいので、情報提供願いたい。

2.1.3.「住宅履歴情報の標準項目(共通フェイスシート)」案の作成

2.1.1.「活用性の高い住宅履歴情報の標準化項目」の調査・検討に際し、平成24年度に当協議会にて検討・設計した、「住宅履

歴情報標準化項目（共通フェイスシート）」案をベースに情報活用者にヒアリング調査・意見交換を実施し、より活用性の高い住宅履歴情報の標準項目を検証・選定する。

●「住宅履歴情報標準化項目」（共通フェイスシート）の基本構成案
① 「住宅の建物基本情報項目」（A・B：43項目）」を標準化、集約・蓄積し、流通時等に不足している住宅基本情報を充足提供する。
② 「分散している住宅性能情報（建物性能情報）項目（C：16項目）」を標準化・集約・蓄積し、住宅性能を見える化する。
③ 「住宅維持保全に関する履歴情報項目（D：3区分項目）」を標準化・集約・蓄積し、住宅の維持保全の状況を見える化する。

図 2-1 標準化情報項目（共通フェースシート）の基本構成図

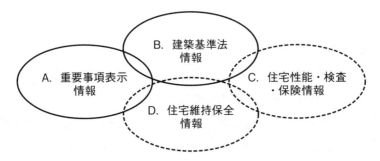

表2-3 住宅履歴情報標準化情報項目（共通フェイスシート）（案）一覧

Ⅰ　建物基本情報（A.重要事項表示情報　B.建築基準法情報）

※1（建築計画概要情報：重要事項説明書記載事項等）

情報No.	（標準化情報項目）	（情報所在地）
1	共通ID番号	いえかるての共通ID
2	設計者	建築確認申請書　1面
3	施工者	建築確認申請書　2面
4	地名・地番	同　3面-1項
5	住居表示	同　3面-2項
6	築年月	
7	都市計画区域	同　3面-3項
8	防火地域	同　3面-4項
9	その他街区	同　3面-5項
10	道路幅員	同　3面-6項
11	敷地面積	同　3面-7項
12	主要用途	同　3面-8項
13	工事種別	同　3面-9項
14	構造	同　4面-4項
15	建築面積	同　3面-10項
16	延べ面積	同　3面-11項
17	建築物の高さ	同　3面-13項
18	認可・許可	同　3面-14項
19	その他必要な事項（住宅火災警報器）	同　3面-18項
20	備考	同　3面-19項
21	耐火建築物	同　4面-5項
22	建築の設備	同　4面-8項
23	床面積	同　4面-10項
24	屋根	同　4面-11項
25	外壁	同　4面-12項
26	軒裏	同　4面-13項
27	居室の床の高さ	同　4面-14項
28	便所の種類	同　4面-15項
29	用途別床面積	同　5面-1項

※2（住宅付帯設備）

30	長期使用製品安全点検制度　対象品目	有・無	メーカー・品番
31	住宅性能向上設備（省エネ）	有・無	設備仕様
32	住宅性能向上設備（高齢者配慮）	有・無	設備仕様
33	住宅性能向上設備（その他）	有・無	設備仕様

※3（設計図書など）

34	案内・配置図	有・無	年・月
35	平面図	有・無	年・月
36	立面図	有・無	年・月
37	仕上げ表	有・無	年・月
38	設備図	有・無	年・月
39	地盤調査報告書	有・無	年・月
40	地盤改良報告書	有・無	年・月
41	物件画像（新築時）	有・無	年・月
42	物件画像（維持管理後）	有・無	年・月
43	プレカット図	有・無	年・月

Ⅱ 建物性能・評価、検査情報（C.住宅性能・検査・保険情報）
※1（第3者制度の利用に関する情報）

44	建築確認申請書	有・無	建築確認コード	年・月
45	確認済証	有・無	建築確認コード	年・月
46	ホームインスペクション	有・無	認定登録No.	年・月
47	住宅性能表示	有・無	認定登録No.	年・月
48	長期優良住宅認定（新築）	有・無	認定登録No.	年・月
49	長期優良住宅認定（既存）	有・無	認定登録No.	年・月
50	認定低炭素住宅・建物	有・無	認定登録No.	年・月
51	ゼロエネルギー住宅	有・無	認定登録No.	年・月
52	省エネ等級	有・無	等級	年・月
53	耐震等級	有・無	等級	年・月
54	その他認定制度（フラット35等）	有・無	認定登録No.	年・月
55	その他認定・補助制度（　　等）	有・無	認定登録No.	年・月

※2（保証（保険）の利用に関する情報）

56	住宅瑕疵担保責任保険	有・無	認定登録No.	年・月
57	地盤保証	有・無	認定登録No.	年・月
58	住宅共有者による保証	有・無	認定登録No.	年・月
59	その他保証（　　）	有・無	認定登録No.	年・月

Ⅲ 住宅維持保全に関する履歴情報（D.住宅維持保全情報）

60	維持保全計画書		有・無	
61	維持保全履歴①		有・無	年・月
	維持保全区分	1：定期点検 2：補修・修繕 3：改修（リフォーム） 4：住宅性能診断（インスペクション） 5：性能向上工事		
	実施者	実施者		
	実施時期	実施年・月		
	維持保全部位1（構造躯体）	1：基礎 2：土台 3：床組 4：軸組、小屋裏 5：耐震改修、他		
	維持保全部位2（屋根・外壁、防水）	1：屋根 2：雨樋 3：外壁 4：関口部 5：省エネ、その他		
	維持保全部位3（設備）	1：給水 2：排水 3：ガス 4：太陽光等 5：省エネ性能設備 6：その他		
	維持保全の付属情報	工事記録・工事図面・点検記録書　他		
	維持保全履歴②		有・無	年・月
	同上項目			
62	長期使用製品安全点検制度　対象品目　点検履歴		有・無	

第3章

参考データ

中古住宅流通量の推移と国際比較

○中古住宅の流通量は年間 17 万戸前後で横ばい状態。
○全住宅流通量（中古流通＋新築着工）に占める中古住宅の流通シェアは約 14.7%（平成 25 年）であり、欧米諸国と比べると 1/6 程度と低い水準にある。

【中古住宅流通シェアの推移】

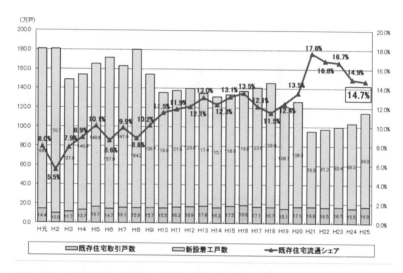

（資料）住宅・土地統計調査（総務省）、住宅着工統計（国土交通省）
（注）平成 5、10、15、20、25 年の既存住宅流通量は 1～9 月分を通年に換算したもの。

※既存住宅流通量については、本データとは別に (一社) 不動産流通経営協会が不動産の所有権移転登記の件数をベースに、年間 54.7 万件（平成 25 年）と推計しており、この推計を前提とすると、平成 25 年の既存住宅流通シェアは 35.8％となる。（2014 不動産流通統計ハンドブック）

参考データ

【中古住宅流通シェアの国際比較】

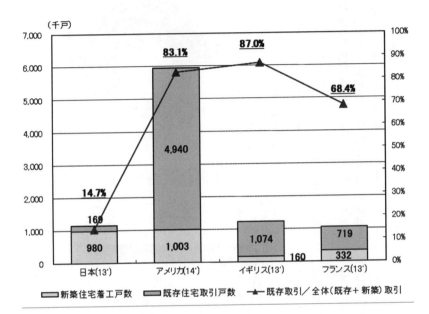

(資料)
日本：総務省「平成25年住宅・土地統計調査」、国土交通省「住宅着工統計（平成26年計）」（データは2013年）
アメリカ：U.S.Census Bureau「New Residential Construction」,「National Association of REALTORS」（データは2014年）
http://www.census.gov/　　http://www.realtor.org/
イギリス：Department for Communities and Local Government「Housing Statistics」（データは2012年）
http://www.communities.gov.uk/
フランス：Ministère de l'Écologie, du Développement durable et de l'Énergie「Service de l'Observation et des Statistiques」
「Conseil général de l'environnement et du développement」（データは2013年）
http://www.driea.ile-defrance.developpement-durable.gouv.fr
注1）フランス：年間既存住宅流通量として、毎月の既存住宅流通量の年換算値の年間平均値を採用した。
注2）住宅取引戸数は取引額4万ポンド以上のもの。なお、データ元である調査機関のHMRCは、このしきい値により全体のうちの12%が調査対象からもれると推計している。

273

空き家の現状－推移と種類別内訳

○ 住宅・土地統計調査(総務省)によれば、空き家の総数は、この20年で1.8倍(448万戸→820万戸)に増加。
○ 空き家の種類別の内訳では、「賃貸用又は売却用の住宅」(460万戸)が最も多いが、「その他の住宅」(318万戸)がこの20年で2.1倍に増加。
○ なお、「その他の住宅」(318万戸)のうち、「一戸建(木造)」(220万戸)が最も多い。

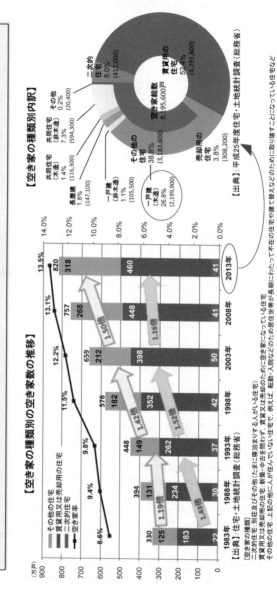

【空き家の種類別内訳】
[出典]:平成25年度住宅・土地統計調査(総務省)

【空き家の種類別の空き家数の推移】
[出典]:住宅・土地統計調査(総務省)

[空き家の種類]
二次的住宅:別荘及びその他(たまに寝泊まりする人がいる住宅)
賃貸用又は売却用の住宅:新築・中古を問わず、賃貸用又は売却のために空き家になっている住宅
その他の住宅:上記の他に人が住んでいない住宅で、例えば、転勤・入院などのため居住世帯が長期にわたって不在の住宅や建て替えなどのために取り壊すこととなっている住宅など

274

参考データ

住宅投資額累計と住宅資産額

○日本の住宅ストック額(国民経済計算上の額)は、建物価値の減価や早期に除却される実態に即して累積投資額に比して500兆円以上損なわれている計算。

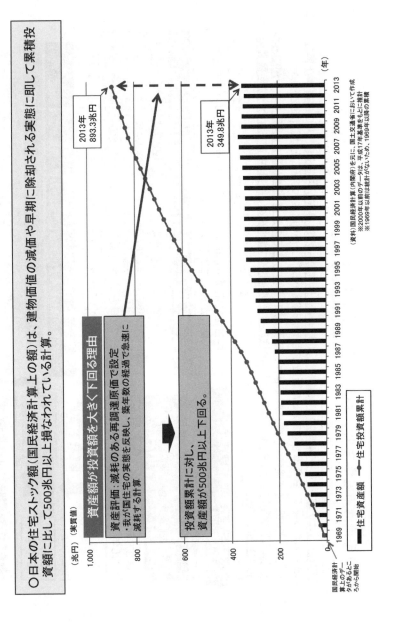

(資料)国民経済計算(内閣府)を元に、国土交通省において作成
※2000年以前のデータは、平成17年基準をもとに推計
※1969年以前は統計がないため、1969年以降の累積

中古住宅流通市場活性化が目指す住宅市場の将来像
(2025年の住宅市場と既存住宅流通活性化の効果(試算))

○ 団塊ジュニア層(1971～74年生)が40歳代に入り、今後、住宅の一次取得層から退出し、人口構造や所得環境の面から見て、若年層を対象とした新築住宅市場規模が右肩上がりに拡大することは、想定し難い。

○ 中古住宅の価格が経年で一律に減価せず、市場における中古住宅の資産価値が高まれば、ローンが組みづらくなる高齢期に入っても、新たな持ち家への住み替え可能性が大きくなり、新築・中古を含めた住宅需要の拡大をもたらす。

(試算)

世代毎の住宅取得住み替え行動
【に変化がない場合】

【30～44歳】
30～44歳人口が減少(▲26%:2025年)
(住宅取得者に占める割合 57.4%)

36.3万戸 2010年 → 27.0万戸 2025年
差し引き 9.3万戸減

【50歳以上】
長期住宅ローンが組みづらい年齢層増加
50歳以上人口増加(+12%:2025年)
(住宅取得者に占める割合 24.7%)

15.6万戸 2010年 → 17.4万戸 2025年
差し引き 1.8万戸増

中古住宅流通市場の未成熟さもあり、世帯あたりの住み替え可能性が英米に比較して低い。

	世帯 (万)	持家への年間住み替え戸 数(千戸)	持家への年間 住み替え戸数/1万世帯	日本との比較
日本	5,184	634.2	122.3戸	
米国	11,718	4367.3	372.7戸	3.0倍
イングランド	2,100	985.5	469.3戸	3.8倍

※総務省統計局「世界の統計2013」、日:「住宅・土地統計調査報告(2013)」、米:Housing Survey(2009)、
英:Survey of English Housing (2007)」より

英米は、日本より世帯あたりの住み替え戸数が数倍大きい。中古住宅の価値が高まり、50歳以上の住み替え行動が促進されると……

住み替え可能性	2025年推計値	増減
1.5倍	26.1万戸	若年人口減を相殺 (1.2万戸増)
倍増	34.8万戸	差し引きは約10万戸増

276

「経済財政運営と改革の基本方針 2015」、「『日本再興戦略』改訂 2015」
（平成 27 年 6 月 30 日閣議決定）　＜不動産業関係部分抜粋＞

経済財政運営と改革の基本方針 2015　～経済再生なくして財政健全化なし～

第2章 経済の好循環の拡大と中長期の発展に向けた重点課題
3．まち・ひと・しごとの創生と地域の好循環を支える地域の活性化
　［2］地域の活性化
　（2）都市再生等
　　空き家等の適切な管理・利活用を推進するとともに、<u>不動産関連情報の提供体制の整備や中古住宅の長期優良化等により中古住宅流通・リフォーム市場の活性化を図る。</u>

「日本再興戦略」改訂 2015　―未来への投資・生産性革命―

第二　3つのアクションプラン
　一．日本産業再興プラン　5．立地競争力の更なる強化
（3）新たに講ずべき具体的施策　iv）都市の競争力の向上と産業インフラの機能強化　①都市の競争力の向上
　<u>不動産に係る総合情報システムの整備や、次期通常国会を目途にした取引時におけるインスペクション（検査）の活用等を促進するための宅地建物取引業法改正による流通環境の整備、中古住宅の長期優良化支援等により質の不安を解消し、我が国の中古住宅・リフォーム市場の拡大を図ることとし、2020 年には同市場の規模を 20 兆円とする。</u>

「中短期工程表」　一．日本産業再興プラン

　5．立地競争力の更なる強化
　都市の競争力の向上
　［2015 年度以降の取組］
　・不動産総合データベースの全国展開に向けた検討
　⇒データベースの本格運用

　・重要事項説明にインスペクション（検査）の実施の有無等を位置づけ
　・レインズの利用ルールや機能の改善
　・標準売買契約書の整備と宅建業法への位置づけ
　・不動産鑑定評価基準等の新たな建物評価ルールの策定と普及
　⇒不動産取引の信頼性・安全性の向上、中古住宅の品質の向上・可視化、既存住宅の長期優良化、リバースモーゲージを含む高齢者の持ち家資産の活用、その他流通環境の整備に向けた検討等による中古住宅・リフォーム市場の活性化の促進

「中短期工程表」 二．戦略市場創造プラン

テーマ１：国民の「健康寿命」の延伸
病気やけがをしても、良質な医療・介護へのアクセスにより、早く社会に復帰できる社会
【安心して歩いて暮らせるまちづくり】
[2015年度以降の取組]
・不動産鑑定評価基準等の新たな建物評価ルールの策定と普及
・宅地建物取引事業者と他の専門事業者の連携促進及び標準的中古住宅取引モデルの創設・普及
・重要事項説明にインスペクション（検査）の実施の有無等を位置づけ
・レインズの利用ルールや機能の改善
・標準売買契約書の整備と宅建業法への位置づけ
⇒不動産取引の信頼性・安全性の向上、中古住宅の品質の向上・可視化、既存住宅の長期優良化、リバースモーゲージを含む高齢者の持ち家資産の活用、その他流通環境の整備に向けた検討等による中古住宅・リフォーム市場の活性化の促進

（ＫＰＩ）・中古住宅流通・リフォーム市場の規模を倍増【10兆円（2010年）→20兆円（2020年）】

中古住宅市場活性化に向けた提言
― 「中古市場に流通革命を」―

2016年1月8日　初版発行

著　者　　自由民主党
発行者　　中野孝仁
発行所　　㈱住宅新報社

出版・企画グループ　〒105-0001　東京都港区虎ノ門3-11-15（SVAX TTビル）
　　　（本　社）
　　　　　　　　　　　　　　　　　　　　　　　　　　　☎（03）6403-7806
販売促進グループ　〒105-0001　東京都港区虎ノ門3-11-15（SVAX TTビル）
　　　　　　　　　　　　　　　　　　　　　　　　　　　☎（03）6403-7805

大阪支社　〒541-0046　大阪市中央区平野町1-8-13（平野町八千代ビル）☎（06）6202-8541㈹

印刷・製本／亜細亜印刷㈱　　　　　　　　　　　　　　　Printed in Japan
落丁本・乱丁本はお取り替えいたします。　　　　ISBN978-4-7892-3778-9 C2030